나를 소모하지 않는
현명한 태도에 관하여

마티아스 뇔케 지음 | 이미옥 옮김

나를 소모하지 않는
현명한 태도에 관하여

UNDERSTATEMENT
Matthias Nöllke

퍼스트펭귄

겉으로 보이는 것보다
더 많은 것을 품고 있는 태도

겸손은 내가 경험한 모든 가치 중에 가장 세심하며 현명한 태도다. 타인을 배려하기 위해 자신을 낮추는 공손함, 사소한 말과 행동에도 예의를 잃지 않는 정중함, 상황을 경솔하게 판단하지 않고 담담하고 점잖게 대할 줄 아는 신중함. 겸손은 이 모든 마음을 아우르는 표현이다. '겉으로 보이는 것보다 더 많은 것을 품고 있는 태도.' 이게 바로 겸손함이다.

그렇다 보니 유감스럽게도, 많은 사람이 겸손의 진가를 제대로 알아차리지 못한다. 물론 겸손이 모두에게 최우선의 가치는 아닐 것이다. 선두로 나설 기회를 다른 사람에게 양보하고 자신은 뒤에 물러나 있는 상황을 결코 원치 않는 사람들도 있다. 그러나 이 사실만은 분명하다. 거만하게 굴고 오만하게 보이는 것을 좋아하는 사람들은 많지 않다는 것이다.

낮은 목소리로 차분하게 얘기하면 들어주지 않을 거라고 여기는 시끄러운 세상에서는 절제된 말과 행동이 오히려 더 강력하게 다가올 때가 있다. 모든 게 큰 소리로 터져 나오는 세상에서는 고요함, 소박함, 평온함이 그리워지기 마련이니까. 자신의 이야기를 한껏 과장해서 떠드느라 바쁜 사람들에 둘러싸여 있다 보면, 알 수 없는 불안과 초조함이 밀려온다. 그리고 비로소 실감한다. 겸손의 미덕이야말로 우리를 가장 편안하게 해주는 가치라고 느껴지는 것이다.

이는 사람들의 태도에만 국한된 얘기가 아니다. 경제 매거진 《브랜드 아인스(Brand Eins)》는 소비 상품에 관한 내용을 다루면서 "거창하게 떠벌리는 것은 유행이 지났다"라는 기사를 실었다. 요즘 사람들에게 특별한 관심을 받으며 가치가 있다고 간주되는 것은 '강제성이 없는 것', '신뢰할 수 있는 것', 그리고 '소중한 것'이다. 브랜드의 로고(Logo)도 절대 거창하지 않다. 눈에 띄지 않거나 아예 없는 걸 선호하는 사람들이 늘고 있다. 그렇다. 겸손은 고상함과 품위를 지니고 있지만 쉽사리 드러나지 않는다. 그로 말미암아 과소평가되는 상황이 벌어지기도 한다. 그런데 재미있는 것은, 진정한 의미에서의 겸손이란 바로 그 과소평가라는 것에 무게를 두고 있다는 점이다.

사실 과소평가는 흔히 생각하는 것처럼 약점으로만 작용하는 것이 아니다. 모든 과소평가에는 언제나 반전의 묘미가 숨어 있기 때문이다. 이런 경우를 생각해 보자. 평소 나서지 않고 늘 소박하고 겸손하게 행동하는 사람이 있다. 그는 할 일이 끝나면 '별것 아닙니다'라는 말을 붙이는데, 그러다 보니 사람들은 그가 어떤 재능이나 능력을 가지고 있는지 잘 모른다. 그런데 어느 날, 그가 한 일이 모두가 깜짝 놀랄 만큼의 성과로 나타났다. 당연히 사람들의 반응은 폭발적이었다. "진짜 대단한데!", "아니, 이런 능력자를 우리가 몰라봤다니!" 단 한순간에 그는 자신이 어떤 사람인지를 인상적이고도 매우 효과적으로 보여준 셈이다.

이 책은 이처럼 '보이는 것보다 더 많은 것을 품고 있는' 태도에 관해 다방면에서 톺아보는 책이다. 시대의 흐름과 환경의 변화 속에서 사람들의 생각과 욕망, 태도가 어떻게 형성되어 왔는지를 짚어보고, 과거로 거슬러 올라가 소크라테스와 루이 14세, 중세의 기사와 기사도, 영국의 젠틀맨과 매너 등 문화사적인 관점에서도 살펴본 후 심리학, 인간관계, 더 나은 삶과 성공의 관점에서도 하나씩 적용해 보려고 한다.

어떤 상황에서도 절제하고 겸손한 마음을 가질 수 있

다는 것은 참 멋진 태도다. 조용하고 소박하게 느껴지지만 결국 이 태도는 스스로의 가치를 가장 현명하게 높이는 길로 나아가기 때문이다. "그런 약해 빠진 태도로는 손해 보기 십상이다"는 말은 이제 접어두시라. 대신에 '겸손한 그 태도가 좋아서 결국 더 멋진 결과를 이룬 사람들'의 이야기에 주목해 보자. 자기도취에 빠져 허우적대는 시끄러운 사람들의 반대편에서, 조용히 자신의 존재감을 빛내며 능력을 발휘하고 신뢰를 얻는 사람들. 세상에는 이런 사람들이 보여주는 현명함이 말로만 요란하게 떠드는 사람들의 허울보다 더 필요하고 또 더 중요하다는 것을 확인하는 시간이 되었으면 좋겠다. 모쪼록 즐거운 독서가 되기를 바란다.

마티아스 뇔케

차례

2부

기분은 선택할 수 없어도
태도는 선택할 수 있습니다

3부

드러내지 않아도 빛나는
현명한 삶의 방식

1부

보 여 주 기   위 한

모 든 것 들 과 결 별 하 기

자신의 생각이 분명하고
내면의 힘을 믿는 사람들은
자신의 명함을
금박으로 치장하려는
생각 따위는 하지 않는다

1

함부로 떠벌리던 이들에게
작별을 고하며

때는 1990년대, 주제넘게 굴고 자기밖에 모르는 자들이 사람들을 함부로 밀어서 쓰러뜨리고 있었다. 사람들은 그런 자들과 대응하는 걸 불편하게 여겼다. 그런 부류는 그저 내버려두고 피하는 게 상책이라고 생각했고, 그게 어느 정도 잘 통하기도 했다.

그런데 언제부턴가 주제넘게 구는 사람들과 자기밖에 모르는 이기주의자들이 연대해 이렇게 외쳤다. "겸손은 무슨, 그냥 내 방식대로 산다!" 과하게 포장된 자랑이 넘쳐나는 세상이 되었고, 무례함이 솔직함으로 둔갑해서 장악하는 세상이 되었다. 쌀 한 톨도 손해 안 보려고 가장 먼저 앞자리를 차지하고 앉은, 그런 사람들이 주목받는 세상 말이다.

모든 게 불안정하고 유동적이며 거대한 변혁이 밀려오고 있었다. 평화로운 혁명과 조금은 덜 평화로운 혁명이 일어났고, 장벽과 국경이 무너졌으며, 인터넷이 대중화됐다. 세상은 숨이 막힐 만큼 놀라운 속도로 돌아갔다.

주식시장은 더 극적이었다. 주가는 하늘 높이 솟았고, 수수께끼 같은 사업 아이디어를 가진 특이한 기업들이 주식시장으로 가서 먹어 치우듯 돈을 빨아들였다. 그 기업들의 실적은 형편없었지만 주가는 오르고 또 올랐다. 마침내 그 가치가 공중에서 분해될 때까지. 누구도 이런 비참한 결과를 예견하지 못했다. 전문가라는 사람들조차도 말이다.

변화는 도처에서 떠들썩했다. '시대의 정점에 와 있다'고 말하는 사람들이 저마다 '변화'라는 단어를 꺼내들었다. 시대의 변화를 따라갈 수 없는 사람들, 옛것을 지키려는 사람들 앞에서도 그 변화의 바람은 멈추지 않았다. 이 땅에 사는 인구수보다 더 많은 수의 휴대폰이 생겨났고, 공중전화 부스는 완전히 자취를 감췄다. 누군가는 말했다. 근사한 스마트폰이 생겼지만, 그걸로 나누는 대화는 위로가 되지 않는다고.

당시 분위기가 그랬다. 모든 변화가 신나고 여유로운 파티를 열어주진 못했다. 사람들은 여전히 불안정하다고 느꼈고 직장, 돈, 인간관계를 걱정했다. 주가가 오른 만큼 실업률과 국가 부채도 치솟았다. 의료보험, 연금, 사회 복지 등 여러 사회적 장치는 그전보다 더 위태위태했다. 사회가 제공하는 최소한의 보장 장치는 더 비싸졌고, 사회 복지라는 안락의자는 딱딱한 의자로 대체되었다. 심지어 입석도 생겼다.

이런 차가운 시대를, 뽐내고 자랑하기 바쁜 이들이 점령한 것이다. 그들은 무섭도록 단순한 그들만의 해법을 떠벌렸고, 변화의 시대에 치여 혼란에 빠진 사람들은 모든 걸 단순화해 버린 그들의 시나리오에 휩쓸렸다.

"돈 걱정이 많다고요? 그럼 부동산, 원자재, 유가증권을 사세요. 백만장자가 될 수 있습니다!"

"아프다고요? 그럼 식습관을 바꾸고, 하루에 물 3리터를 마시고, 아름다운 것만 생각하세요!"

"아직 결혼 상대를 못 찾았다고요? 그럼 마법 같은 이 문장들만 외우세요. 반드시 결혼할 수 있습니다!"

> **"일단 인간의 이성이 균형을 잃게 되면,**
> **인간은 모든 것을 믿을 수 있다."**
>
> _ 푸블리우스 타키투스(Publius Tacitus), 로마의 역사가

긍정 환상을 찍어대는 공장

1990년대는 '긍정적인 사고'가 우리를 덮쳤던 시대다. 사실 긍정이란 개념은 꽤 오래전부터 존재했다. 약

150년 전으로 거슬러 올라가보자. 미국의 심리학자 윌리엄 제임스(William James)는 '긍정'을 '마인드 치료 운동'이라고 불렀는데, 당시 이를 믿었던 사람들은 '이 세상에 있는 모든 해악(害惡)과 질병의 원인은 정신적인 문제에 있다'고 생각했다. 부정적인 사고는 신을 부정하는 것이며 곧 죄악이라고 여겼고, 반대로 항상 긍정적인 면을 바라보는 사람은 편안해질 수 있고, 신체적으로도 건강해진다고 믿었다.

이런 태도에 대해 윌리엄 제임스는 이렇게 표현했다. "만일 당신이 건강, 권력, 성공 등 무엇이든 그에 대해 생각을 한다면 그 책임은 곧 당신에게 부여된다." 이 말대로라면 아픈 것은 그 사람 잘못이 된다. 어떤 일에 실패한 사람은, 그 일이 성공하리라 확고하게 믿지 않았기 때문이라는 얘기가 되는 것이다.

이런 사고방식은 상당히 위험한 구석이 많았음에도, 1990년대에는 인기가 있었고 하나의 이데올로기처럼 퍼져 나갔다. 의심은 피해야 하는 태도였고, 무조건적 희망은 불가침의 의무가 되었다. 오로지 긍정적인 사고만 허락해야 하고, 그렇게 해야만 긍정적 미래가 온다고 믿었다. 긍정은 모든 것을 이룰 수 있으며, 심지어 '불가능'한 일도 '가능'하게 만드는 주체였다.

"오늘부터 당신은 '불가능'이란 단어를 당신의 사전에서 지워버려야 합니다"라고 미국의 목회자이자 저술가 로버트 슐러(Robert Schuller)는 청중들에게 외쳤다. "당신의 삶에서 그 말을 지우십시오! 영원히 불가능이라는 말을 지우세요!"

독일에서는 '안 된다는 말은 없다'라는 구호가 통용되었고, '숙고하는 사람'이라는 표현은 비꼬는 말이 되었다. 네덜란드 출신의 동기부여 전문가인 에밀 라텔반트(Emile Ratelband)는 강연 도중 "차카카"를 외쳐댔다. 부정적인 마음과 에너지를 방출하게 해주는 구호라면서! 그는 청중을 불러내 불타는 석탄이나 유리 조각 위를 걷도록 부추겼다. 하지만 어느 누구도 아프다고 하지 않았다. 화상을 입고 수포가 생기고 유리 조각에 찔려 피가 흘러도 말이다.

어쨌거나 청중은 잘 해냈고 황홀경에 빠진 것처럼 보였다. 과연 그다음에는 무엇을 더 보여줄 수 있을까. 달로 날아갈까? 독일 총리가 될까? 아니면 많은 이의 꿈인 탈모를 해결하게 해줄까?

그러는 사이, 긍정적 사고의 평판이 흔들리기 시작했다. 모든 걸 해결할 수 있다고 호언장담하던 사람들은 추락하고 있었다. 완전히 바닥으로 떨어졌을 때 그들은 비로소 알아차렸다. 계획이 잘못될 수도 있다는 생각을 단 한 번도 하지 않았다는 것을. 그들은 비상구를 스스로 폐쇄한 채 불타는 집에 들어앉아 있었다.

긍정적 사고가 제대로 작동되지 않을 수 있다는 의심이 고개를 들기 시작하면서 제동 장치 없는 긍정적 사고의 추락은 당연해 보였다. "너는 모든 걸 할 수 있어"라고 외쳐댄 유명 인사의 성공이 사실은 정신적인 힘이 아니라 탈법적인 수단이 동원된 결과라는 것을 어떻게 설명할 수 있을까?

우리 머릿속에 어떤 생각이 차지하고 있든 우주의 질

서가 달라지지는 않는다. 또한 긍정적인 생각이 원하는 효과를 가져오지 않는다고 해도, 그게 그리 끔찍한 일도 아니다. 긍정적 사고는 단지 성공을 위한 방식 중 하나다. 문제는 이 사고가 영혼 없는 성공지향형 로봇으로 탈바꿈될 때 불거진다. 융통성이 사라진 성공지향형 로봇은 모든 일이 얼마나 멋지게 돌아가고 있으며, 얼마나 환상적으로 성공을 거두었는지, 다음에는 어떤 대단한 일이 일어날지 보여주기 위해 끊임없이 세상을 떠돌아야 한다.

그렇다. 성공지향형 사람들은 거창하게 보이기 위해 다른 사람들의 주의를 끌어야 한다. 단순히 안부를 묻는 이야기에도 그들은 자신의 성공을 떠들어댄다. 그런 과장된 행동이 자신의 가치를 증명해 준다고 믿기 때문이다.

독일의 팝 밴드 비어 진트 헬덴(Wir sind Helden, '우리는 영웅이다'라는 뜻)은 성공에 대한 강박적인 입장을 다음의 노래 가사에 정확하게 담고 있다.

"우리는 모든 것을 할 수 있어. 훈련받은 멋진 원숭이처럼. 우리는 원하기만 하면 되지. 우리는 오로지 원하기만 하면 돼. 우리는 오로지 원해야만 해. 우리는 오로지 해야만 해. 오로지 해야만 해. 우리는 오로지."

훈련받은 원숭이처럼 오로지 원하기만 하면 된다니, 그게 정말 우리가 진짜로 '원하는 마음'일까?

성공을 떠들고 싶어 안달인 사람들

성공한 사람들이 다 자신의 성취를 동네방네 떠들고 다니는 것은 아니다(알려지지 않았지만 큰 성공을 이룬 훌륭한 사람들도 많다). 하지만 여기서는 자신의 성공을 자랑하고 싶어 안달인 사람들에 대해 좀 더 얘기해 보자. 그들은 다른 사람들도 자기처럼 성공할 수 있는 비밀을 알려주고 싶다고 말한다. 물론 그게 진심인 사람들도 있다. 그런데 그 이면에 다른 꿍꿍이가 있는 이들도 분명 존재한다.

사람들은 성공한 사람들의 이야기에 관심이 많다. 성공이 알려지는 순간, 그들의 성공 노하우를 궁금해하고 따르는 사람들이 자연스레 생긴다. 성공을 떠벌리는 사람에게 필요한 게 바로 그들이다. 자신이 어떻게 성공했는지 알고 싶어 하는 사람들 말이다. 만일 따르는 이도 없는데 성공법에 대해 떠든다면, 성공한 사람이 아니라 인정받고 싶은 욕구만 거대한 수다쟁이에 불과할 테니까. 따라서 그들은 진짜로 성공한 사람이 되기 위해 자신의 행동이 따라 할 가치가 있다는 사실을 인정받으려고 한다.

그들은 인생이라는 거대한 게임에서 승자가 되기를 원한다. 자신을 '최고' 혹은 '최고 중 최고'라고 부르고, 자신을 따라 하지 않는 사람들을 패자라고 부른다. 불안을 드러내는 이들에게 너무 소심하다고, 비관적이라고, 적응하지 못한다고, 나태하다고, 불평이 많다고, 돈을 못 다룬다고 지적한다. 반대로 자신과 같은 승자의 유형은 스스로를 믿고, 항상 긴장감을 유지하며, 자연스레 돈도 따른다고 강조한다.

오스트리아 출신의 유명 기업가 게랄트 회르한(Gerald Hörhan)은 상당히 특이한 유형의 사람이다. 처음 그를 본다거나 강연을 들으면, 독특한 용모와 언행에 굉장히 강렬한 인상을 받을 것이다. 그가 성공에 관해 쓴 책

의 부제는 이러하다. '왜 너희들은 뼈 빠지게 일하고 우리는 부자가 되는가.'

그에 따르면 보통 사람들은 "자본주의 시스템에 떠넘겨져서, 소비만 하는 바보들"에 불과하고, 개미투자자들은 "기꺼이 사기를 당하는 멍청이들"이다. 터무니없는 선동처럼 들리지만, 정작 그는 이런 효과를 노린 것이다. 성공한 투자자이자 하버드 대학을 졸업한 이 남자는 앞머리를 뾰족하게 세우고 펑크족같이 보이는 요란한 옷을 입고 대중들 앞에 등장한다.

펑크족이라고? 사회활동을 거부하고 공원이나 기차역 같은 곳에서 싸구려 맥주를 마시며 이상을 좇던, 그 소박한 젊은이들? 구걸할지언정 잘난 척은 결코 하지 않는 그들? 절대 아니다. 게랄트 회르한 같은 '투자 펑크족'은 그들과 전혀 다르다. 투자 펑크족은 현재의 행복만을 누리려는 삶이 아니라 '미래 연맹'에 몰입해 있는 약삭빠른 전문가들이다. 그들은 우리에게 "정치와 금융 시스템에 우롱당해서는 안 된다"며 연대감을 표시하듯 말하지만 과연 이 말을 믿고 희망을 품어도 될까?

'성공을 전파하는 대부'라 불리는 위르겐 휠러(Jürgen Höller)는 독자들에게 매주 '성공과 동기부여에 관련한 뉴스레터'를 몇 번씩 보내곤 하는데, 한번은 프랑스의 억만장자 장 폴 고티에(Jean Paul Gottier)가 했던 말을 인용한 적이 있다. 이 억만장자는 "만일 내가 낙하산에 실려 외로운 섬에 던져질지라도, 나는 그곳에서 돈과 성공을 쌓을 것이다"라고 했다는 것이다. 혹시 고티에라는 이름을 가진 억만장자를 아는가? 디자이너 고티에(Jean Paul Gaultier)를 떠올릴지도 모르겠지만, 아무리 뒤져보아도 휠러가 인용한 '낙하산 어록'은 찾을 수 없었다.

　투자 펑크족이나 휠러 같은 사람들이 보여주는 과장된 행동에는 비슷한 점이 있다. "나를 보시오. 나는 어마어마한 부자이고 엄청나게 빨리 달리는 차를 몰고 다닙니다"라고 말하는 그들은, 우리가 자신들처럼 생각하는 방법을 배우지 못하면 그건 우리의 책임이라고 지적한다. 그러면서 그들은 자신이 쓴 책에서 이런 약속을 한다. "여러분들은 이 책에서 어떻게 승자에 속할 수 있는지를 배우게 될 겁니다."

성공 전파자들이 이용하는 승자와 패자라는 이분법에 속지 말자. 우리 삶은 그렇게 간단한 대립 구도로 설명할 수 있는 게 아니다. 삶의 방식은 매우 다양하고, 모순투성이기도 하며, 그래서 흥미롭다. 무엇보다 분명히 짚고 넘어가야 할 사실은 '경쟁에서 이기는 것'이 '성공한 인생을 살아간다'는 뜻이 아니라는 점이다.

인생은 승패를 나누는 경쟁이 아니다. 그건 성공을 팔아 돈을 버는 사람들이나 들먹이는 불손한 말이다. 자기 생각이 분명하고, 내면의 힘을 믿는 사람들은 자신의 명함을 금박으로 치장하려는 생각 따위는 하지 않는다.

정말 돈이 모든 것을 바꾸는가

미국의 한 명문 대학교 강당에서 강연이 시작되고 있었다. 이날의 강연자는 경영컨설턴트인 제프리 크라이슬러(Jeffrey Kreisler)였고, 강당은 학생들로 가득 찼다. 그는 청중들에게 "만일 250만 달러를 가지고 있다면 어떻게 할지 상상해 보라"고 했다. 당신이라면 이 돈으로 무엇을 할 것인가? 집이나 비싼 자동차를 살 것인가? 아니면 여행을 떠날 것인가?

크라이슬러는 "그렇게 많은 돈을 갖고 싶다면, 먼저 생각부터 바꿀 준비가 돼 있어야 한다"고 주장했다. 우선적으로 비용 효율성을 분석해야 한다는 것이다. "윤리적인 원칙도 예외가 아니다. 정직해서 얼마를 손해 볼 것인가? 정직하지 않았다면 이익이 얼마나 됐을까? 만일 누군가를 속이면 득과 실은 어떻게 되지? 이건 범죄가 아니다. 그저 돈을 벌기 위한 방식이다." 크라이슬러는 장담하듯 말했다. "금융위기에 책임이 있다고 해서 교도소에 들어가는 사람은 없다. 가장 끔찍한 경우라면 사람들에게 손가락질을 조금 당할 뿐이다." 일이 잘못되면 벌금형을 받을 수 있겠지만, 장기적으로 보면 그쯤은 미미하다는 것이다. 설사 그렇다 한들 어떠냐고 그는 반문한다. "리스크가 없으면, 큰돈을 갖겠다는 꿈은 결코 실현할 수 없다."

예감했겠지만, 제프리 크라이슬러는 진정한 의미의

경영컨설턴트가 아니라 강연을 하면서 속임수를 쓰는 '꾼'일 뿐이다. 그는 꽤 진지하지만 청중들은 그의 말에 웃음을 터뜨린다. 크라이슬러 자신도 이 웃음에 양면성이 있음을 모르지는 않는 듯하다. "나를 비웃는 학생들도 있겠지만, 나와 함께 웃는 학생들도 있을 것이다"라고 하는 걸 보면 말이다.

항상 예의를 잃지 않고, 마음속에 윤리적 나침반을 가지고 있는 사람이 있는 반면에 인정사정없이 자기 이익만 추구하는 사람도 있다. 물론 이 이분법 역시 승자와 패자의 구도를 '윤리'의 관점으로 바꾼 것에 불과한 것일지도 모르겠다. 실제로 우리가 언제 예의 바르게 행동하고, 언제 속임수를 쓰는지를 알기 위해 광범위하게 진행된 심리학 연구가 있다. 이 연구 결과에 따르면, 자신에게 득이 되면 아무 고민 없이 남을 속이는 사람도 있었다. 하지만 그런 부류는 생각보다 많지 않았고, 대부분은 예의 바르고 공정한 행동을 보였다.

물론 어떤 조건에서는 자신의 윤리적 원칙을 더 유연하게 적용하거나 혹은 그냥 무시할 때도 있었다. 예를 들어 아무도 보지 않을 때, 자신과 같은 상황에 처하면 다른 사람들도 다 자신처럼 행동할 것이라고 믿을 때, 그리고 오직 돈에 대해서만 모든 관심이 향할 때.

미국의 팝가수 신디 로퍼(Cyndi Lauper)는 "돈이 모든 것을 바꾼다(Money changes everything)"라고 노래했다. 이와 동일한 제목으로 심리학자 데이비드 데스테노(David DeSteno)는 충격적인 실험 결과를 소개했다. '돈 문제가 걸려 있으면 사람들은 평상시에 비해 덜 윤리적으로 행동하는 경향이 있다'는 것이다. 제프리 크라이슬러가 강연을 시작할 때 엄청난 돈을 상상해 보라고 말한 것은 결코 우연이 아니다. 모든 게 돈을 중심으로 돌아가면, 원래의 가치는 설 자리를 잃고 만다.

욕망은 멈추지 않는다

과대 포장이 넘치는 세상에서 만족은 금물이다. 처음 성공이란 걸 이루면 스스로 놀랍기도 하고, 승리의 미소를 지을 수 있다는 사실에 뿌듯해진다. 하지만 성공은 그 자리에서 만족하는 법이 없다. 이제 이런 슬로건들이 등장한다.

"계속 노력하라. 끊임없이 배워라. 매일 더 나아가고, 더 성장하고, 또 더 발전해라. 좋은 수준으로는 충분하지 않다, 탁월해야 한다. 최상급이 새로운 기준이며, 세계 최고가 목표다. 우리는 이미 앞서 나가고 있지만, 우리 자신을 앞지르기 위해 더욱 빨리 달려야 한다."

그 자리에 머물지 않고 계속 발전하는 것이 중요하다는 얘기다. 그런데 이렇게 더 큰 성공을 재촉하고 내모는 것이 새로움에 대한 열린 자세나 혹은 자기 성찰 때문일까? 아니다. 계속 더 성공하고자 하는 욕심이다. 승자의 자세를 계속 취하고 싶은 욕망. 이런 사람이 리더가 되면 모두를 미치게 만든다. 다른 사람들도 그 욕망에 끌려가야만 하기 때문이다. 1등이 되기를 원치 않는 사람은 의지박약으로 간주되고 출발부터 실패한 사람 취급을 받는다. 그러니 모두가 최고가 되기를 원해야 한다. 이제는 어디를 가도 세계 최고가 있다.

> "최고만 앉는 자리가 더 늘어났다."
>
> _ 베르티 포크츠(Berti Vogts), 독일 출신의 감독

그들은 현실적 목표가 아니라 과도한 목표로 시작해야 한다고 말한다. 목표를 높게 세울수록 더 많은 것을 이뤄낼 수 있다고 믿기 때문이다. 이는 명백한 착각이다. 우리의 뇌는 과도한 목표를 자극이 아니라 지나친 요구로 받아들인다. 비현실적인 목표는 말 그대로 현실화시킬 수 없는 이상이 되어버린다.

지속적이고 체계적으로 부과되는 과도한 요구를 '동기부여'라고 외친다면? 모두가 세계 기록을 세우거나 스티브 잡스가 돼야 하는 이상한 상황이 된다. 사람들에게 동기를 부여한다는 컨설턴트들은 결코 소박한 삶을 살지 않았던 쿠바의 혁명가 체 게바라(Che Guevara)의 말을 즐겨 인용한다. "우리 모두 현실주의자가 되자. 그러나 가슴속에는 불가능한 꿈을 갖자." 시대의 투사가 했던 이런 말을 인용하면 왠지 더 자유롭고, 모험적이고, 속박에서 벗어난 듯한 느낌을 준다. 그들은 일꾼들이 짊어진 고된 노

동의 굴레에는 눈을 감은 채 '당신들 안에 잠들어 있는 거인을 깨우라'고 끈질기게 요구한다.

따라서 성공한 이들의 불만족은 진정한 의미의 불만족과는 차이가 있다. 스스로의 부족함을 고통스럽게 느낄 때 생기는 진짜 불만족은 사람을 끈질기게 괴롭히는 감정이다. 그건 '다음 성공, 또 그다음 성공'을 부르짖는 이들의 피상적인 불만족과 같을 수가 없다.

사로잡지 못하면 사라지는 시대

성공과 행운에 대해 충고하는 컨설턴트들은 종종 이렇게 말한다. 이제는 근면과 실력, 내적인 가치만으로 충분하지 않다고. 어쩌면 그게 오히려 방해가 될 수도 있으며, 진짜로 중요한 것은 따로 있다고. 남들보다 앞서갈지 아닐지는 스스로를 얼마나 잘 팔 수 있느냐에 달려 있다는 것이 그들의 요지다. "첫 시작부터 잘해야 한다. 첫인상을 보완해 줄 두 번째 기회는 쉽게 오지 않으니까"라는 어느 회사의 슬로건처럼 많은 것이 너무나 빨리 사라진다. 세상은 촘촘하게 연결되어 있고, 지극히 유동적이다. 빠르면 빠를수록 더 좋다는 말이다.

이러한 세상 속에서 인내심을 가지고 상대를 대하는 건 점점 더 어려워진다. 빨리 반응하고, 빨리 결정해야 한다. 필요하면 재빨리 방향을 바꿔야 하고, 모든 것을 내던지고 새롭게 시작할 준비를 해야 한다. 즉각적인 확신을 보이지 않으면 기회는 넘어간다. 최대한 간단하게, 절대 빙빙 돌려서 말하면 안 된다. 세부 사항은 중요치 않으니 깊이 들어가지 말아야 한다.

이런 분위기가 당연시되는 곳에서 느린 사람들, 생각이 깊은 사람들, 일을 해결하는 데 시간이 필요한 사람들은 짐을 싸고 떠나야 한다.

"60초 안에 나를 설득해 보시오", "당신의 아이디어를 40초 만에 설명하시오", "20초, 아니 10초 안에 한다면 더 좋습니다." 상대방에게 기울이는 관심의 비용은 점점 더 비싸진다. 누군가가 주의 깊게 내 말을 들어주는 일은 점점 더 드물어진다. 그러니 타인에게 주목받기 위해 다들 혈안이 된다. 누가 나를 알아주지 않으면 나는 존재하는 게 아닌 것만 같아서 눈에 띄려고 더 큰 소리를 내고 애를 쓴다.

"내 아이들, 내 친구들, 내 스마트폰, 내 태블릿… 이 모든 것이 내 주의를 끌기 위해 경쟁하고 있다." 마이크로소프트가 디지털 매체의 영향력에 대한 연구 결과를 발표하며 한 말이다. 방금까지 묘사한 음울한 현실과 너무 잘 맞아떨어지지 않는가.

사람들이 어떤 대상에 주목하는 시간이 지난 10년 사이 평균 12초에서 8초로 줄었다고 한다. 8초 후에도 시선을 계속 붙잡지 못하면 사람들은 곧바로 다른 곳으로 떠나간다. 연구에 따르면 금붕어가 주의를 기울이는 시간이 9초라고 한다. 그러니 이 연구의 제목도 꽤 그럴싸하게 들린다. "인간의 집중력은 금붕어보다 짧다."

이 때문에 '셀프 마케팅' 혹은 '자기 PR'은 필수라는 말이 당연한 듯 들린다. 스스로를 홍보하지 않으면 아무도 알아주지 않으니까. 스스로 브랜드가 되어야 한다. 자동차, 라면, 세제 같은 상품들이 브랜드로 알려지는 것처럼 그 어떤 사람과도 혼동되지 않는 차별화로 분명한 포지션을 갖춘 브랜드 말이다.

그렇게 되려면 성공한 여느 브랜드들처럼 호감을 사는 포인트를 가져야 한다. 사람들이 알아서 찾고 열렬히 좋아하게 만드는 특징. 시늉만으로는 안 된다. 특유의 강점이 분명히 드러나야 한다. 외모, 의상, 말투, 표정까지 모두 조화롭게 하나의 브랜드로 각인돼야 한다. 그러기 위해서는 나라는 사람을 상표처럼 극단적으로 단순화시켜야 한다. 인간은 굉장히 복잡한 존재지만, 상표는 인위적으로 만드는 정체성이다. 비슷비슷한 제품들 속에서 B가 아니라 A를 선택할 수 있도록 만든 것이 상표다. 상표가 품질의 균등함을 보장하는 것이다.

그러나 여기서 잊어서는 안 되는 사실이 있다. 상표를 무시하거나 오히려 상표가 없는 상품을 선택하는 스마트한 구매자도 많다는 사실 말이다. 그들은 브랜드 하나만으로 상품의 본질을 판단하지 않는다.

> "우리는 직감적으로 알고 있다.
> 삶에서 가장 멋진 것은 상품이 아니며
> 인간관계, 경험, 의미 있는 일이라는 사실을."
>
> _그레이엄 힐(Graham Hill), 기업가

사회적 지위를 두고 벌이는 게임

모든 과장된 언행의 배후에는 두려움이 숨어 있다. 언제든 대체될 수도 있고, 잉여가 될 수도 있다는 두려움 말이다.

어느 브랜드 전문가가 강연을 하면서 청중들에게 모두 일어서라고 주문했다. 그런 뒤 절반을 다시 자리에 앉게 했다. 그는 이렇게 말했다. "여러분, 지금 서 있는 분들을 보세요. 옥스퍼드 대학의 연구에 따르면, 이 47퍼센트는 기계로 대체될 것입니다. 물론 지금 자리에 앉아 있는 사람도 안심해서는 안 되죠. 오늘은 아니지만 내일부터는 서 있게 될 수도 있으니까요."

그런데 전문가라는 그도 다음과 같은 생각을 했을까? 자신 역시 대체될 수 있다는 생각 말이다. 어쩌면 그 사람이야말로 기계가 가장 쉽게 대체할 수 있을지도 모른다. 그는 불안한 청중들에게 항상 동일한 메시지로 두려움을 파는 것이 전부였으니까.

우리는 계속해서 이런 말을 듣는다. 모든 것이 변하는 세상에서 뒤떨어지지 않으려면 정체해선 안 된다고. 『거울 나라의 앨리스』에서 그 자리에 있기 위해 미친 듯이 달려야만 하는 붉은 여왕처럼 우리 역시 치열함을 강요받는다. 그러지 않으면 점점 늘어나는 패자들의 무리에 줄을 서게 되니까. 시스템에서 떨어져 나온 사람, 더 이상 불러주지 않는 사람, 아무도 동정하지 않는 그런 사람이 되는 것이다.

어떤 통계에도 등장하지 않게 된다는 것은 두려운 일이다. 존재가 너무 미미한 나머지 나열되는 숫자 중 하나로도 등장하지 못하는 것이다. 그러면 그들은 누구인가? 유령, 그림자, 방황하는 암흑의 숫자? 이런 상황에 빠지지 않으려고 사람들은 달린다. 남들보다 한참 앞서가야 그런 상황에 빠지지 않을 거라는 채찍질을 받으면서.

성공의 사다리에서 가장 위로 올라가는 방법이 있다. '나는 너희들보다 사회적으로 훨씬 높은 위치에 있다'는 사실을 타인에게 보여주는 것이다. 미국의 사회학자 로버트 풀러(Robert W. Fuller)는 이를 '서열주의(Rankism)'라고 불렀다.

서열주의는 다양한 방식으로 이루어질 수 있다. 예를 들어 당신이 누군가에게 악수를 청하는 방식, 어떤 사람을 지나치면서 그를 바라보는 방식, 당신이 질문을 하거나 다른 사람의 질문에 대답을 하지 않는 방식, 당신이 방에 들어설 때의 태도, 다른 사람들의 말에 참견하고 그들의 태도에 대해서 해석을 달아주는 방식 등등이다.

상대를 전혀 배려하지 않는 태도를 두고 어떤 사람들은 그게 상대보다 자신의 사회적 지위가 높다는 것을 드러내는 방법이라고 믿는다. 그런 태도를 보일 수 있는 사람이 승자이고, 그런 상황에서 당하는 사람이 패자라고.

참 당혹스럽기 그지없는 말이다. 친절하게 행동하는 사람이 친절한 대우를 받아야 하지 않는가? 그러나 당신도 한번쯤은 이런 경험을 해본 적이 있을 것이다. 누군가에게 인사를 했는데, 그 누군가가 당신에게 전혀 대꾸를 하지 않는 경우 말이다. 만일 이런 일이 연달아 세 번 일어나면, 자연스럽게 이런 의문을 품게 된다. '혹시 내가 무슨 잘못을 했나?' 상대가 내 인사에 답하지 않음으로써 나를 무시했다는 점을 감지한 것이다.

> "서로 인사를 나누는 모습은 일종의 결투처럼 보인다.
>
> 이때 한 가지 법칙이 있다.
>
> '먼저 인사하는 자가 진다'는 사실 말이다."
>
> _톰 슈미트(Tom Schmitt) · 미하엘 에서(Michael Esser),
> 『내 지위는 내가 결정합니다』에서

이처럼 사회적 지위를 두고 벌어지는 게임에 대해서는 뒤에서 더 상세하게 언급할 것이다. 내가 이야기하고자 하는 태도, 즉 겸손함은 바로 그 '사회적 지위를 두고 벌이는 게임'을 무산시키는 시도이자 방법이기 때문이다.

따라서 우리는 이 게임의 룰은 물론이고 별다른 고민

없이 이 게임을 벌이는 사람들을 이해해야 한다. 권력을 의식하며 타인을 자기 뜻대로 다루는 걸 좋아하는 그들이, 지위를 두고 유치한 게임을 벌이는 것을 알아차리고 유유히 그 게임에서 걸어 나오려면 말이다.

겸손한 사람은
다른 사람의 박수갈채와
최고라는 평가를
수집하려고 애쓰지 않는다

2

조용히 이기는
겸손한 능력자들

'(검증된 건 아니지만) 성공할 수 있는 방법'이라고들 하는 것에는 대개 세 가지 단점이 있다. 첫째, "그 방법이 정말 성공하게 만들어줘? 그냥 성공했다고 느끼게 해주는 거 아니고?"라는 의심을 종종 산다는 점이다. 그러나 참 모순적이게도, 성공할 수 있다는 그 무해한 행복감을 중심으로 모든 게 돌아간다. "무엇을 하든 오래 지속하면 성공할 수 있다"고 말하는 권력자들은 자신에게 반박하지 않는 성실한 사람들에게 둘러싸여 있는 것을 즐긴다. 어떤 일이 실패하기 시작하더라도 그들은 반박하지 않기 때문이다.

둘째, 모든 일을 '성공하는 방법'으로만 접근하는 사람은 그로 인해 인생을 편히 살지 못한다는 점이다. 성공 강박을 지닌 사람들과 마음 편히 일상의 즐거움을 나눌 수 있을까? 당신은 그러고 싶은가?

마지막으로, 모든 사람이 승자의 사다리에 올라타 파티를 여는 인생이 매력적이라고 생각하지는 않는다는 것이다. 어떤 사람들에게는 의기양양함을 뽐내는 그 모든 상황들이 불편하고 부담스럽다. 그렇다고 해서 그런 사람들이 의지박약하고 미미한 인물인가 하면, 전혀 그렇지 않다.

성공을 내세우지 않는 이들 중에도 자신에게 거는 기준이나 요구사항이 분명하고 엄격한 사람들이 있다. 그들은 영향력 있는 사람이 되기를 바라고, 또 그 영향력을 행사하기도 한다. 그들은 목표가 있으며, 그 목표를 능히 달성하기도 하지만 가능한 한 눈에 띄지 않고 조용히 해낸다. 그저 담담하게 자신이 하려는 일에 집중하는 것이다.

그들은 성공을 부르짖지 않지만 성공을 이루는 사람들이며, 승리하려고 하지 않지만 결국 이기는 사람들이다. 누군가는 자신의 업적을 내세우려고 앞장서느라 바쁘지만, 그들은 오히려 뒷자리에 머무는 것을 택한다. 남들이 자신의 공을 알아차리지 못해도 크게 개의치 않으며, 오히려 그걸 더 편안히 느낀다.

그들은 자신의 가치를 스스로 정하고, 그 가치를 스스로 높여가는 사람들이다. 그리고 이들의 마음에는 이런 바람이 있다. 겉으로 보이는 것보다 더 깊고 강한 사람이 되고 싶다는 바람, 남에게 칭찬받기 위해서가 아니라 스스로 행복해지기 위한 삶을 살고 싶다는 바람, 타인보다 월등하게 높은 곳에 존재하는 게 아니라 땅에 발을 딛고 서서 남들과 더불어 잘 살고 싶다는 바람 말이다.

바로 이런 바람을 가진 사람들의 태도와 관점에 대한 이야기가 이 책에서 다루고자 하는 내용이다. 이런 태도와 관점을 가진 사람들이 어떻게 인생을 더 의미 있게 만드는지 지금부터 살펴보기로 하자.

숨은 강자들

많은 것을 이뤄냈지만 나서지 않는 사람들에게는 나름의 이유가 있다. 그렇게 하는 것이 그들에게는 더 자유로운 삶의 방식이기 때문이다. 자신의 성공을 드러내지 않는 한 방해받지 않을 수 있다는 것은 가장 중요하지는 않아도 하나의 분명한 이유가 된다.

그들은 자신에게 감탄하는 사람도, 자신을 부러워하는 사람도 자신의 삶에 끌어들이지 않는다. 그러니 이들의 성공에 이의를 제기하는 사람도 있을 수 없다. 그들은 그저 차분하고 평화롭게 자신에게 중요한 목표를 추구할 뿐이다.

'히든 챔피언(Hidden Champion)'이라는 용어가 있다. 독일의 경영학자이자 경영컨설턴트인 헤르만 지몬(Hermann Simon)이 자신의 저서 『히든 챔피언』에서 이야기한 개념이다. 그는 세상에 잘 알려지지는 않았지만 세계적인 경쟁력을 보유한 '숨은 강자' 기업들의 특징을 세상에 알렸다. 그들을 면밀히 관찰한 뒤 무엇이 그들의 놀라운 성과를 가능하게 만들었는지를 밝힘으로써 활발한 논쟁에 불을 지핀 것이다.

그전까지 히든 챔피언들은 간과되거나 심지어 무시되어 왔다. 그들은 떠들썩하게 성과를 내보이거나 멋지게 출사표를 던진 기업이 아니라 작은 지역에 뿌리를 내리고 그곳에서 묵묵히 자리를 잡은 '조용한' 기업이었으니까. 그러나 그들이야말로 매우 영리하게 경영할 뿐 아니라 신뢰할 수 있고 또 가장 혁신적인 기업들이었다. 다만 눈에 띄지 않았을 뿐. 물론 책으로 소개된 이후 상황은 바뀌었다. 히든 챔피언들은 세상에 알려졌고, 그들의 성공은 세계적으로 회자되었으니 말이다.

히든 챔피언들은 미술, 음악, 기술, 교육, 과학, 행정 등 다른 분야에도 수없이 많다. 그리고 숨어 있는 그 많은 강자들이 각자 자기 분야에서 맡은 일을 잘해내고 있다는 사실을 우리는 안다. 그들이 굳이 떠들지 않아도, 굳이 드러내지 않아도 우리 주변에, 우리 일상에 존재하고 있다는 사실을 말이다.

나는 무대에 자주 등장하는 사람들보다 히든 챔피언들에게 더 관심이 간다. 그들은 자신의 성공을 애써 낮추고, 자신의 약점에 세심한 주의를 기울이며, 자신을 대단한 사람이라고 생각하지 않는다. 그들은 그냥 그런 겸손함이 자연스러운 사람들이다.

> "나는 내가 나약하고, 불확실하다고 느낀다.
> 나는 내가 강하다고 느끼지 않는다.
> 나는 내가 하는 일을 흰히 조망하지 못하는 것 같다.
> 어쩌면 나는 이런 점 때문에 성공한 것인지도 모른다."
>
> _ 조디 포스터(Jodie Foster), 배우

슈뢰더에게 없는 한 가지

2005년 독일 연방의원 선거가 있던 날 저녁, 핵심 정치인들이 모여 논쟁을 벌이는 일명 '코끼리 라운드' TV

토론에 참여한 게르하르트 슈뢰더(Gerhard Schroder) 총리는 미소를 짓고 있었다. 사회민주당(SPD)과 녹색당의 연합이 제1야당을 차지하지 못하고 패배하는 바람에 쓰라림을 꾹 참아야 했을 텐데도 말이다.

당시 슈뢰더의 경쟁자였던 우니온(Union)*의 앙겔라 메르켈(Angela Merkel)도 단독 정부 구성에 충분한 표를 얻지는 못해서 자유민주당(FDP)과 연합 정부를 수립했다.** 어쨌든 우니온이 가장 강력한 당이었기 때문에 메르켈이 총리가 될 가능성이 높았다. 그것이 관례였다.

하지만 슈뢰더는 이 사실을 무시하고 자신이 승자라고 선언하고 있었다. 모두가 당황한 가운데 그는 이렇게 말했다. "저 외에 그 누구도 정부를 안정적으로 운영할 사람은 없습니다. 저 외에는 그 누구도 말이죠. 여러분은 메르켈이 총리가 되는 회담 제안을 우리 당이 받아들일 거

---

* 독일의 두 당인 기민련(CDU)과 기사련(CSU)의 연정 세력으로, 현재는 기민련이 자민당과 연정하고 있다.

** 2005년 의회 선거 결과는 우니온 35.2%, SPD 34.2%, FDP 9.8%, 녹색당 8.1%였다. 절대 다수를 얻은 당이 없으므로 대체로 우니온과 FDP, SPD와 녹색당이 연합해서 연립 정부를 구성한다.

라고 생각합니까?" 그의 이 말은 다음과 같은 의미를 담고 있었다. '선거 결과가 어떻든 독일인들은 메르켈이 아니라 나를 총리로 원한다.'

권력의 자리에서 내려오는 세련된 방법은 분명 있다. 슈뢰더의 그 같은 태도는 많은 사람을 불편하게 만들었고, 심지어 그의 아내인 도리스 슈뢰더쾨프의 말처럼 "너무 선동적"이었다. 슈뢰더 자신도 며칠 후 이렇게 표현했다. "썩 좋은 방식은 아니었습니다." 꽤 이례적인 자기 비판이었다. 그는 총리로서의 자질은 가지고 있었을지 모르지만, 겸양의 미덕은 갖추지 못했다.

2005년으로 다시 돌아가보자. 5월에 사민당은 그들의 텃밭이라 할 수 있는 노르트라인-베스트팔렌 주의회 선거에서 놀랍게도 패배했다. 선거 당일 저녁, 사민당의 원내대표는 그들의 연합 정부가 국민의 신뢰를 더 이상 얻지 못했음을 인정했다. 그리고 아무도 예상하지 못한 승부수를 던졌다. 바로 의회를 해산하고 1년 뒤에 예정되어 있던 선거를 가을로 앞당겨 다시 치르기로 한 것이다.

슈뢰더는 다시 한번 링에 올라갔고 열정적으로 선거 캠페인을 펼쳤다. 과도한 자신감으로 스스로 강력한 지도자라고 내세우며 독일을 안전한 미래로 이끌 것임을 강조했다. 결과는 썩 좋지 못했다. 독일은 새로운 총리로 메르켈을 선택했다.

더 솔직히 말해보자. 슈뢰더는 과장해서 떠벌리기를 좋아했고, 반대로 메르켈은 객관적이고 다분히 냉정하게 행동했다. 그녀는 분명 청중을 감동시키는 격정적인 연설가는 아니다. 당시는 더 심했다. 많은 이들이 우니온 연합에서 기민련이 탈퇴한 원인은 그녀가 지나치게 무색무취하기 때문이라고 불평했다. 실제로 기민련 소속 정치인들이 당시 그녀를 정리하기 위해 모임을 가졌다고 TV토론의 진행자였던 니콜라우스 브렌더(Nikolaus Brender)도 털어놓은 바 있다.

게르하르트 슈뢰더가 이런 사정을 놓칠 리가 없었다. 그러나 앙겔라 메르켈은 흔들리지 않았다. '코끼리 라운드'에서 그녀는 차기 정부를 이끌 의도가 있다는 인상을 풍기지 않았다. 오히려 그녀는 부족했던 자신을 반성하는 듯했고, 조연의 역할에 머무는 것처럼 보였다.

독일에서 활동하는 그 어떤 정치인도 앙겔라 메르켈처럼 혹독하게 과소평가 받지는 않았다. 그녀는 기독민주당의 원내대표, 환경부 장관, 당수였지만 스스로 나서서 그 자리를 쟁취한 것은 아니었다. 그녀가 부상하게 된 것은 전임자와 경쟁자들이 자기 발등을 찍고 떨어져 나갔기 때문이었다. 그녀는 업무를 이어받은 뒤에도 묵묵히 자신의 일을 해냈다. 사람들은 그녀가 총리 자리에 올라 선서를 하고 나서야 비로소 그녀에 대해 과소평가하는 일을 멈췄다.

지금의 메르켈은 세계에서 가장 영향력 있는 여성 가운데 한 사람으로 꼽힌다. 독일에서는 한때 슈뢰더가 누렸던 것보다 더 많은 인기를 얻기도 했고, 가장 선호하는 정치인 목록에 이름을 올리기도 했다. "메르켈은 겸손을 선호한다." 신중하기로 유명한 영국 언론사의 특파원 앨런 포스너(Alan Posener)의 평가다.

메르켈은 앞에 나서지 않고 소박하게 행동했고, 문제에 집중하고 매우 현실적이었다. 게다가 자신의 의도를 쉽게 드러내지도 않았다. 이 역시 겸양의 태도에서 중요한 측면이다. 그녀는 확언을 거의 하지 않았다. 섣불리 자신의 생각을 공표하거나 모든 일에 앞장서는 일도 없었다. 슈뢰더와는 확연히 다르게, 말을 아끼고 장관들에게 현장을 맡겼다.

또한 그녀는 우리를 불안하게 만드는 수많은 위기로부터 어떻게 하면 빠져나올 수 있는지 다 알고 있는 듯한 인상을 결코 풍기지 않았다. 하지만 메르켈의 이런 면은 약점이 아니라 강점으로 작용할 때가 많았다. 어려운 상황을 해결해 나갈 수 있도록 그녀를 도운 뭔가가 있었다면, 그것은 바로 그녀의 겸손하고 과장하지 않는 태도다.

레이캬비크의 아웃사이더 시장(市長)

특별한 겸손의 방식을 보여주며 정치 활동을 했던 한 남자를 소개해 보려 한다. 아이슬란드의 수도 레이캬비크의 전(前) 시장, 욘 그나르(Jón Gnarr)의 이야기다.

그가 시장으로 선출되기 전 아이슬란드는 보수주의자 손에 쥐어져 있었다. 정치인들은 모든 경제 규제를 폐지했고, 그로 인해 불과 수년 만에 엄청난 돈이 몰려드는 금융의 중심지로 변모했다. 이 나라의 변화는 성공적인 모델로 보였다. 그러나 2008년 금융위기가 불어닥치며 돈이 신속하게 다시 사라져버렸을 때, 아이슬란드는 그 어떤 나라보다 큰 타격을 입었다.

뉴욕에서 리먼 브라더스가 붕괴한 지 일주일 후, 아이슬란드의 대형 은행 세 곳이 무너졌다. 국민총생산의 열 배가 넘는 부채가 생겼다. 나라는 파산했고, 국민도 파산했다. 정치인들은 신뢰를 완전히 잃은 상태였다. 그리고 정말 놀라운 일이 일어났다. 레이캬비크의 시민들이 '무정부주의 초현실주의자'를 시장으로 선출한 것이다.

욘 그나르는 예술가였고 코미디언이었으며 펑크족이었다(약삭빠른 투자 전문가였던 그 펑크족과는 다르다. 그나르는 의미 있는 일을 한 펑크족이니까). 그는 상당히 이색적인 프로그램으로 정치 활동을 시작했는데, "수영장에서 무료로 수건을 나눠주겠다"고 약속했고, '아이슬란드 농부라면 누구나 무료로 양 한 마리를 호텔에 데려갈 수 있는 권리'를 제공했다. 그가 속해 있던 당은 자칭 '최고당(Bese Party)'이었는데, 원래는 아이슬란드 정치를 풍자하기 위한 곳이었다.

그런데 사람들의 말마따나 "재미로 시작한 일이 진지한 일이 되어버렸다." 첫 번째 설문조사에서 '최고당'은 0.7퍼센트의 지지를 얻었는데, 그나르는 이를 "산사태와 같은 승리"라고 평가했다. 이때만 해도 그는 자신이 어떤 정치적 산사태를 불러일으키게 될지 전혀 예상하지 못했다.

그나르는 언제나 아웃사이더였다. 그는 정신병동의 간호사였고, 택시 운전사였으며, '콧물이 떨어지는 코'라는 펑크 밴드의 베이스 연주자였다. 사람을 쓰러뜨리게 할 만큼 유머 감각도 탁월했던 그는 금세 아이슬란드의 유명 인사가 되었지만, 이렇게 말하며 자신의 유명세를 아무렇지도 않게 넘겨버렸다. "아이슬란드는 아주 작은 나라입니다. 우유 한 병만 사도 유명해지죠."

정말 놀라운 것은 그가 수도의 시장으로 선출되었다

는 사실이 아니었다. 그보다 훨씬 더 인상적이었던 것은, 그가 공직을 행사하는 방법이었다. 그는 매우 실용적이고 책임감이 있었다. 또한 자신이 아무것도 모른 채 공직을 맡게 되었다는 점을 숨기지 않았다. 이 때문에 이전에 집 권했던 보수당의 시의원들은 그를 맹렬히 공격했는데, 어떤 이는 이런 말도 했다. "우리는 현실을 잘 아는 시장을 원하지, 바보 같은 시장을 원하지는 않는다!" 그나르 시장은 이런 비난에 대해 매우 공손하게 답했다. 매우 애석하게 생각하지만, 그 같은 판단은 정확하게 맞다고 말이다. 그는 자신이 마음속에 그렸던 것보다 더 많은 것을 요구받고 있다는 사실을 분명하게 받아들였다.

그러는 한편 유쾌한 활동도 많이 보여줬다. 최고당은 연립 정부를 구성하게 될 상대 정당에게 텔레비전 시리즈인 〈더 와이어(The Wire)*〉를 시청해야 한다는 조건을 걸었다. 또한 '레이캬비크에서 가장 뚱뚱한 고양이'를 공식

---

* 2002년 6월부터 2008년 3월까지 방영된 미국 드라마다. 총 60개의 에피소드로 시즌5까지 있으며, 불법적인 마약 거래, 항구도시, 학교제도 등 볼티모어 시(市)의 다양한 기관과 이들의 관계에 대해 다루었다.

적으로 '크리스마스 고양이'로 선택하는가 하면, 모든 시민이 좀 더 친절하게 인사할 수 있도록 "안녕, 안녕하세요"라는 인사법을 도입하기도 했다.

물론 정치적인 일은 그처럼 흥겨울 수만은 없었다. 세금은 올려야만 했고, 직원들은 해고해야 했으며, 시에 소속된 부패 기업 레이캬비크 에너지는 정상으로 돌려놓아야만 했다. 최고당은 사회민주당과 밀접하게 연계해서 일을 했는데(사민당의 대표는 텔레비전 시리즈 〈더 와이어〉를 진짜로 봤다), 스위스 일간지 《타게스 안자이거(Tages-Anzeiger)》는 이런 평을 실었다.

"4년 동안 무정부주의자가 권좌에 올라가서 일한 결과는 기대 이상이었다. 펑크족이 재정을 회복시켰다. 매우 성공적인 연설도 꽤 많았다. 수십 킬로미터에 달하는 자전거 도로, 근거리 대중교통을 위한 구간 계획, 소외되어 있던 교육과 예술에 대한 지원 등으로 레이캬비크는 긴장이 해소되고 사람들이 들끓는 도시로 재탄생했다. 그리하여 매년 관광객이 20퍼센트 증가했다."

자부심을 가져도 될 만한 결과에도 불구하고 그나르는 재선에 출마하지 않았다. 그는 처음부터 시장직을 딱 한 번만 수행할 것이란 사실을 분명히 했다. 사람들이 다음 번 선거에서 당신을 찍지 않을 거라고 할 때마다 그는 간단하게 이렇게 대답했다. "그럼요, 찍을 필요가 전혀 없습니다."

임기 후반에 그의 연임을 원하는 시민은 무려 60퍼센트에 달했다. 아마 재선에 출마했더라면 분명 당선되었을 것이다. 하지만 그는 약속을 지켰고 최고당은 해산 후 정치 무대에서 사라졌다. 이후 그는 작가로 활동하고 있다. 아마 그에게는 지금의 일이 더 마음에 들 것이다.

> "정치는 나와 같은 사람들에게
> 결코 좋은 곳이 아니다.
> 나는 천천히 생각하는 사람이고,
> 내 머리는 구멍으로 가득 차 있으니까."
>
> _ 욘 그나르, 아이슬란드의 펑크족이자 레이캬비크의 전 시장

세상의 끝에서 교회를 변화시킨 교황

2013년 3월 13일, 성 베드로 대성당의 발코니에 그가 들어섰다. 호르헤 마리오 베르고글리오(Jorge Mario Bergoglio)라는 본명을 가진 그는 추기경으로서 부에노스아이레스의 대교구장을 역임했으며 이제 막 교황으로 선출돼 '교황 프란치스코'가 되었다.

"형제자매 여러분, 좋은 저녁입니다"라는 소박한 인사로 그의 연설은 시작됐다. 취임식에서 교황은 보통 신도들에게 축복을 베풀기 마련이다. 프란치스코 교황도 마찬가지였다. 다만 그는 그전에 먼저 자신을 낮추며 축복을 베풀어달라고 신도들에게 부탁했다.

"여러분이 저에게 축복의 기도를 해주실 때 제가 교황으로서 일할 수 있습니다."

첫 등장에서부터 겸손의 태도를 보여준 것이다. 이미 부에노스아이레스에 있을 때부터 '가난한 자들의 추기경'으로 불렸던 그다.

그의 소박한 삶의 태도는 교황이 되어서도 달라지지

않았다. 지금까지도 그는 바티칸에 있는 게스트하우스에서 살고 있으며, 다른 손님들과 함께 아침 예배를 올린 뒤 걸어서 궁으로 간다. 그의 개방적인 태도는 예측하기 어려울 정도다. 시시때때로 사람들에게 다가가서 악수하고 포옹하는 것을 좋아한다. 또한 그는 노숙자도, 성전환자도, 불가지론자도 모두 받아들인다. 만일 누군가가 교황에게 편지를 쓰면, 교황이 직접 그에게 전화를 걸 수도 있다.

바로 이러한 이유로 그는 추기경들로부터 선택을 받았다. 그가 교황 자리에 올랐을 때, 가톨릭교회의 명성은 그다지 좋지 않았다. 아동 강간, 부패, 바티칸 은행에서의 돈세탁, 직원들 간의 모략, 교황의 방에 있던 문서의 도난 등등 즐겁지 못한 주제들이 대중들의 입에 오르내렸다. 교회는 다시 재탄생할 필요가 있었다.

교회 시스템의 일부였던 추기경들도 그 사실을 모르지 않았다. 그렇지 않았다면 '세상의 끝'에 살던 아웃사이더이며 부에노스아이레스의 완고한 대교구장이었던 프란치스코를 자신들의 수장으로 선출하지 않았을 테니 말이다.

2014년 크리스마스 연설에서 이 새로운 교황은 매우 엄격하고, 진지하게 교회의 쇄신을 염두에 두고 있음을 밝혔다.

"로마 교황청은 질병을 앓고 있습니다. 자신들은 죽지 않으며 면역이 되어 있다거나 대체할 수 없다고 느끼는 것입니다. 스스로 비판하지 않고, 스스로 새롭게 갱신하지 않고, 스스로 개선을 시도하지 않는 교황청은 병든 몸입니다."

그는 사제들 사이에 퍼져 있는 사치와 허풍을 막아내며 전반적인 개혁을 추진했다. 독립적인 경제 전문가들에게 바티칸 은행을 상세히 조사하도록 요청했고, 아동 강간에 대해서는 투쟁을 선포했다. 강간으로 인한 희생자들을 위로하고 미성년자들을 보호하기 위해 자체적인 위원회를 발족시켰다. 정치적인 문제에도 관심을 가졌다. 지중해의 람페두사 섬에서 보트피플들과 만난 그는 '무관심의 세계화'에 대해 비판하며 도움이 필요하다고 역설하기도 했다.

독일 신문《디 차이트(Die Zeit)》가 2015년 7월에 보도했듯이, 프란치스코 교황은 "겸손의 대가"다. 그는 가능한 한 가장 소박한 방식을 취한다. 교황이 되었을 때부터 그러했다. 선출 직후 새로운 교황은 곧장 소위 말하는 '눈물의 방*'으로 가서 대중들 앞에 입고 나갈 옷을 직접 챙겨 입는다. 프란치스코 교황은 아무 장식도 없는 흰색 성직자 제복을 선택했고, 목에 걸었던 십자가는 보석이 아니라 쇠로 되어 있었다.

무엇보다 교황을 '겸손의 대가'로 만든 것은 그의 태도다. 그는 다른 사람들에게 항상 열려 있다. 그는 모든 것을 결정하지 않고, 의식적으로 미해결로 남겨둔다. 예를 들어 동성애에 관한 주제를 보자. 그는 다음과 같이 의견을 표했고 많은 주목을 받았다.

"동성애자인 사람이 간절하게 신을 찾고 선량한 의지를 가지고 있다면, 내가 누구라고 그 사람을 심판할 수 있겠습니까?"

---

*　교황이 처음으로 옷을 갈아입는 방으로, 교황이라는 지위로 인해 받게 될 인고의 세월을 이렇게 표현했다고 한다.

"성스러운 정신인 자유를 감금하거나

지배하려는 유혹에 빠져서는 안 된다.

왜냐하면 자유야말로 인간의 모든 계획보다

더 위대하고 아량이 넓기 때문이다."

_ 프란치스코 교황

목표는 클수록 좋다는 착각

겸손은 사람에게 매우 친화적인 태도이며, 삶을 살아
가는 데 있어 긴장하지 않는 자세다. 이 겸손만으로 당신
이 더 성공할 수 있다고 말할 수는 없겠지만, 겸손이 당신
의 성공에 방해가 되지 않을 거라는 사실은 분명하다. 오
히려 겸손한 사람이 거둔 성공은 특별히 더 빛난다. 다른
사람은 그 성공을 예상하지 않았을 것이고 자신 또한 그
성공에 스스로 놀라게 되는 경우가 많기 때문이다. 원래
예상하지 않았던 결과가 더 인상적인 법이다.

물론 성공을 이야기하는 전문가들은 겸손이 아니라

'확고한 목표'를 강조할 것이다. 성공이라는 반짝이는 과일들을 어떻게 수확해서 향유할지 생생하게 상상해야 한다고 말이다. 그러고는 겸손하게 뒤로 물러나 있지 말고, 어디서든 자신이 얼마나 큰 목표를 가지고 대단한 일을 계획하고 있는지 강하게 표현해야 한다고 주입한다.

그건 일종의 전략이기도 한데, 자신에게 거는 주문과도 같다는 것이다. 자신의 목표와 계획에 대해 확실히 밝히고 나면, 이를 철회하기란 쉽지 않기 때문이다. 이는 자발적으로 의무를 지는 것이며 진지하다는 것을 보여주는 행동이란 얘기다. 만일 자신 있게 알린 계획이 실패로 돌아가면 그야말로 끔찍하게 부끄러운 일이 될 테니까.

달성하기 힘든 계획을 주변에 알리는 것이 명예로운 일을 공표하는 것과 같다는 이런 생각은 스스로 뭔가 대단한 일을 이미 해냈다는 착각에 빠지게 한다. 아직 아무것도 성사시킨 바가 없고, 다만 기분이 좋아졌을 따름인데 말이다.

착각은 여기서 끝나지 않는다. 만약 그 목표를 이루는

데 실패했다고 해보자. 수치심이나 자책, 반성 혹은 후회가 엄청나게 몰려올까? 아니다. 그런 마음도 감당할 수 있는 수준에 그칠 가능성이 높다. 자신의 성공을 방해한 수천 가지의 이유가 존재할 테니까. 그리고 이렇게 말하는 것이다. "목표를 이렇게 높게 설정하지 않았다면, 아마 결과는 더 안 좋았을 거야."

확고한 목표를 강조하는 성공지상론자들의 주장은 보통 이런 식이다. 그리고 그들의 감언이설은 계속된다. "우리는 이미 아주 많은 것을 이뤄냈다"고. "첫발은 이미 내디뎠고, 그게 특별히 힘든 일이었다"고. "이 첫걸음을 시작으로 앞으로 긴긴 여행을 할 것이므로 성공의 자취를 미리 느껴도 된다"고. 어떤 이들의 멘트는 또 이렇다. "여러분들은 책도 이미 구입했고, 수업도 수강하려고 신청했습니다. 여러분들은 성공을 이렇게 원하고 있기 때문에 그것을 곧 얻게 될 것입니다."

뉴욕대 심리학자인 가브리엘레 외팅겐(Gabri ele Oettingen)은 25년 넘게 목표 설정과 성공에 대한 연구를 해왔다. 그녀는 한 연구에서 체중 감량을 원하는 여성들을 관찰했는데, '감량 목표를 이룰 것이라는 기대가 높은 사람이 실제로도 가장 많이 체중을 감량할까' 하는 점이 연구의 포인트였다.

결과는 정반대로 나타났다. 긍정적인 결과가 나올 것이라고 기대했던 여성들보다 의심이 많았던 여성들이 훨씬 더 목표에 근접했던 것이다. 왜일까? 후자는 많은 방해 요소가 존재하고 있고, 그로 인해 실패할 가능성도 있다는 점을 분명하게 알고 있었다. 때문에 이들은 훨씬 현실적이었고 체중 감량을 위해 준비한 규칙도 잘 지켰다.

이와 같은 현상은 다른 연구에서도 나타났다. 한 심리학자는 신문 인터뷰에서 다음과 같이 밝혔다. "미래에 대한 목표는 순간적으로 쾌감을 주기도 하지만, 장기적인 시각에서는 오히려 방해가 되기도 합니다. 머릿속으로 이미 성공을 한 사람들은, 더 노력하지 않아도 된다고 느끼기 때문입니다."

겸손이라는 덕목과 관련해서 볼 때, 이처럼 성공을 거두기도 전에 이미 성공을 확신하는 것은 치명적인 타격이다. 과도한 목표도 마찬가지다. 목표가 너무 높으면, 그 목표에 함몰되어 버릴 수 있다. 스스로 눈가리개를 하고 다른 것은 보지 못하는 꼴이다.

불행이란 너무 일찍 포기했기 때문에 일어나는 게 아니다. 너무 늦게 포기해도 불행이 발생한다. 이런 일은 결코 드물지 않은데, 노벨상 수상자인 대니얼 카너먼(Daniel Kahnemann)과 아모스 트버스키(Amos Tversky)가 얘기한 경우도 그렇다. 어떤 일에 시간과 열정을 많이 투입하면 할수록 그만큼 끝맺기가 더 힘들다는 것이다. 더 이상 계속해 봐도 소용이 없으며 끝내야 한다는 것을 본인이 분명하게 예감하고 있더라도 말이다.

카너먼과 트버스키는 이를 두고 '실패에 대한 혐오감'이라고 불렀다. 실패하지 않으려고 하기 때문에 실패의 영역이 점점 더 넓어지고 깊어진다는 것이다. 이때 우리는 자신을 이렇게 설득한다. "게임이 끝나지 않는 한 상황을 바꿀 수 있는 기회는 아직 있어." 그리하여 완전히 탈탈 털리고 나서야 비로소 그 일에서 손을 떼는 사람들이 숱하다.

그러나 겸손이라는 미덕을 가진 사람들은 다르게 행동한다. 그들은 거의 달성할 수 있을 것 같은 목표를 선택한다. 그러고 나서 그 목표를 위해 할 수 있는 일을 실제로 한다. 중요한 것은 다른 사람들에게는 웬만하면 그 목표에 대해 굳이 이야기하지 않는다는 점이다. 어떤 경우에도 상대와 마주 앉아서 모든 것이 잘되면 무슨 일이 생길지에 대해 섣불리 떠들지 않는다.

오히려 다른 사람들은 전혀 모른다. 그가 어떤 목표를 가지고 무엇을 하고 있는지. 그런데 만일 모든 일이 제대로 잘 풀려서 목표를 이뤘다면? 그럼 그는 목표만 달성한 게 아니라 그 이상을 이뤄낸 것이다. 그것도 굉장히 놀랍게. 조용하던 그가 그런 성취를 이뤄낼지 누구도 예상하지 못했을 테니 말이다.

만족감이란 이런 것이다. 자신이 할 수 있다고 믿었던 그 이상을 달성하는 것 말이다. 때문에 겸손한 유형의 사람들에게 너무 높은 목표를 부여하는 건 좋지 않다. 그들에게 심리적인 압박감을 줄 뿐이니 말이다. 성공을 위해 과도한 목표를 바라보며 달리는 사람은 충만한 삶을 누리지 못한다. 오히려 삶을 살면서 기진맥진해 버리기 쉽다. 그래서 겸손하게 삶을 사는 사람은 외적인 성공에 지나치게 매달리지 않는다. 한 인간의 가치란 성공과 목표로 측정되는 게 아니라는 사실을 잘 알기 때문이다.

스스로를 낮추는 태도의 3가지 힘

항상 자신에 대해, 그리고 자신과 관련된 일이나 성취에 대해 실제보다 낮춰서 말하는 태도에 대해선 어떻게 생각하는가?

예를 들어 어떤 사람에게 안 좋은 일이 생겼다거나 운이 나쁜 상황이 벌어졌다고 해보자. 그런 상황이라면 왜 자신에게 그런 일이 생겼고, 어떤 이유로 자기 상황이 안 좋아졌는지를 상세히 늘어놓으며 위로를 구할 법도 하지만, 그 사람은 구구절절 하소연하는 대신 말을 아낀다.

그냥 "이런 일이 있을 수도 있지. 지금보다 훨씬 심각한 일도 더 많은데 뭘. 이 정도면 별것 아니야"라고 말하는 식이다.

뭔가 성공을 했을 때도 마찬가지다. 놀라운 성과를 냈거나 사람들을 깜짝 놀라게 했을 때도 그 사람은 스스로를 낮추며 자신이 이룬 성과는 결코 자신이 대단해서가 아니라고 말한다. "내가 한 게 뭐 있나. 운이 좋았어." 물론 이런 성공은 자주 생기지 않는다. 그런데 만일 이런 일이 생겼을 때 그처럼 스스로를 낮추는 태도를 가진다면? 점잖게 겸손을 보여줄 수 있는 아주 좋은 기회가 온 것이다.

겸손한 사람들은 왜 스스로를 낮출까? 어째서 그런 태도가 자연스럽게 나올 수 있는 걸까? 여러 동기와 이유가 있는데, 첫째로는 예의의 문제와 연관이 있다.

그들은 상대가 불편함을 느끼거나 부족함을 느끼는 걸 원치 않는다. 때문에 스스로 뒤로 물러남으로써 상대가 편안하게 느끼도록 해준다. 또한 늘 상대와 같은 눈높이에서 말하려 한다. 상대에게 '내가 너보다 더 낫고, 더 강하고, 더 중요한 사람'이라는 인상을 주는 것을 원치 않는 것이다.

자신의 불행에 대해 구구절절 얘기하거나 자신의 운명이 얼마나 가혹한지 한탄하지 않는 것도 같은 맥락이다. 혹 당신 주변에 끊임없이 자신의 신세타령만 하는 사람이 있다면 그를 한번 떠올려보라. 아마 그 사람은 대화 상대로 결코 편안한 사람이 아닐 것이다. 또한 자신을 늘 중심에 두고 생각할 뿐 당신에 대해선 크게 관심이 없을 게 분명하다.

두 번째로, '알 사람은 안다'는 측면에서 살펴볼 수 있다. 즉, 겸손하게 자신을 낮춘 표현을 한다고 해서 실제로 그를 '낮춰서' 생각하는 사람은 많지 않다는 점이다. 미국의 철학자 켄달 월튼(Kendall Walton)은 "겸손은 우리를 착각으로 몰고 가려는 게 아니다"라고 했다. 겸손하게 자신을 낮춰서 표현한다고 해도 사람들은 진실을 이해할 수 있다. 모두가 그렇지는 못하더라도, 적어도 제대로 판단을 내릴 수 있는 사람이라면 말이다.

그리고 이 점이야말로 겸손한 태도의 가장 흥미로운 특징이기도 하다. 스스로를 낮추는 태도를 보여주는 사람과 그의 태도에서 겸손함을 읽는 사람을 연결시켜주기 때문이다. 만일 상대가 자신의 성과, 의미, 가치를 낮게 표현하고 있음을 당신이 알아차린다면, 이는 상대뿐 아니라 당신을 높이는 일이기도 하다. 당신은 다른 사람의 성과, 의미, 가치를 제대로 판단할 수 있는, 즉 본질을 볼 수 있는 사람이 되는 것이다.

마지막 세 번째 측면은 '겸손은 독립되어 있다는 표시'라는 점이다. 겸손한 사람은 다른 사람들의 박수갈채와 최고라는 평가를 수집하려고 애쓰지 않는다. 이들은 자신들의 가치를 잘 알고 있다. 따라서 이를 외부로부터 인정받아야 한다는 생각에 사로잡히지 않는다.

반대로 자신의 탁월함을 드러내고 과시하는 사람, 사회적 지위로 자신을 장식하는 사람은 그렇게 해야 할 이유가 절실한 사람들이다. 그와 같은 연출이 없다면 존재감을 발휘할 수 없다는 불안, 자신의 재능을 들이대지 않으면 아무도 알아주지 못할 거라는 걱정이 그들을 흔들고 있기 때문이다.

겸손한 사람도 물론 칭찬과 인정을 받으면 기뻐한다. 하지만 그것이 그들을 바꾸지는 못한다. 타인의 평가가 마음에 든다면 그건 그냥 마음속에 품고 있을 뿐, 그들은 스스로 평가하는 것이 더 중요한 사람들이다. 그래서 겸손함은 타인을 배려하는 태도인 동시에 자의식을 보여주는 가장 효과적인 방식인 것이다.

젠틀맨은 항상
세련되게 거리를 둔다
그들의 겸손한 태도는 결코
공간을 독차지하지 않는다

다른 사람의 품위를 인정해 줌으로써
자신의 품위를 지키는 사람,
그게 바로 젠틀맨이다

3

겸손과 신뢰의
문화사

사람들의 생활 속에서 겸손과 절제의 태도는 어떻게 발현돼 왔을까? 문화사적인 관점에서 살펴보면 그 이해의 폭을 더 넓힐 수 있을 것이다.

인류 역사 초기에 해당하는 수렵 채집의 시대에도 '겸손'이라는 양식이 존재했다. 물론 2만 년 전의 생활사를 낱낱이 꿰뚫긴 어렵지만, 학자들은 수렵 채집 사회의 모습이 20세기에도 여전히 남아 있던 부족들을 면밀하게 관찰했고, 원시시대의 생활을 재구성함으로써 몇 가지 유사한 점을 발견했다.

모든 집단에는 금기시되는 한 가지가 있었는데, 바로 특별한 권리를 자신에게만 요구하는 행동이었다. 만일 그런 행동을 하는 사람이 있다면, 그 사람은 매를 맞는 것보다 더 치욕적인 비웃음을 사야 했다. 발언권을 갖고자 하는 사람은 항상 자신을 낮추고 양해를 구하는 것이 먼저였다.

인류학자 리차드 리(Richard Lee)가 3년 동안 부시맨과 함께 생활하며 완성한 보고서에는 그들이 사냥 후 돌아와서 하는 행동에 대해 서술한 내용이 있다. 사냥이 끝나면 부족원들은 각자 무엇을 얼마나 잡았는지 질문을 받는다. 흥미로운 점은, 이때 현명한 사람은 자신이 획득한 사냥감의 수를 실제보다 줄여서 대답한다는 것이다. 왜일까? 자신의 능력을 과시하는 것은 존중받을 수 있는 영웅의 태도가 아니라 조롱받는 게 당연한 허풍쟁이의 행태라고 생각하기 때문이다. 인류가 발전하기 오래전부터 겸손과 절제는 생활 속에 현명하고 배려 깊은 가치로 자리하고 있었다.

그리스 희극 속 에이런과 소크라테스

고대 그리스에도 겸손의 방식이 등장했던 두 곳이 있었다. 한 곳은 연극이 펼쳐졌던 극장이고, 다른 한 곳은 철학의 대가들이 모인 곳이다.

그리스 희극에는 관객들에게 즐거움을 선사하는 동일한 캐릭터가 항상 등장했다. 전형적인 인물 유형인 '에이런(Eiron)'과 '알라존(Alazon)'이다. 에이런은 자신의 진짜 능력은 숨김으로써 스스로를 낮추는 인물이다. 반대로 알라존은 실제로는 가진 게 거의 없지만 허세를 부리는 떠벌이 캐릭터다. 에이런은 알라존을 상대로 자신의 진면모를 늘 감추지만 결국 사기꾼 같은 그를 이기고 성공한다. 여기서 에이런이 자신을 감추며 알라존을 속이는 의도는 개인적인 이득을 얻으려는 목적이 아니다. 아리스토텔레스는 그래서 이 에이런이라는 유형을 떠벌이 알라존보다 훨씬 더 정교한 캐릭터로 간주했다.

서양의 지성사에 지대한 영향을 끼친 철학의 대가들

은 어땠을까? 철학자 소크라테스는 가장 유명한 '에이런' 유형이라고 볼 수 있다. 그가 사람들에게 다가간 것은 가르치기 위해서가 아니라 그들로부터 무언가를 경험하기 위해서였다. 그는 자신이 아무것도 모르는 사람인 것처럼 행동했고, 상대에게 집요하게 질문을 던짐으로써 그가 모든 가능성을 짚어보고 사려 깊게 고민해 보도록 했으며, 궁극적으로는 상대가 자신의 생각을 바꾸도록 만들었다.

소크라테스는 정기적으로 아테네에 있던 시장으로 나갔고, 원칙을 갖고 모든 사람과 대화를 나누었다. 그의 말을 들어보면 단순하고 소박했으며 평범했다. 그래서 항상 대단하게 받아들여지지는 않았다. '현자라는 사람이 어떻게 저렇게 진부한 것을 말하는가?'라고 여기는 사람도 있었으니까. 이에 대해 그의 제자 중 한 사람이었던 알키비아데스(Alkibiades)는 말했다.

"소크라테스의 말을 이해할 수 있는 사람들은 그 안에 이성이 담겨 있음을, 전적으로 신성하다는 것을 발견한다. 그러나 그의 말을 이해하지 못하는 사람들은 어리석게도 그를 비웃는다."

이를 두고 사람들은 "소크라테스적인 아이러니"라고 부른다. 겉으로 드러난 것과 숨겨진 실제 사이의 괴리를 뜻하는 '아이러니(Irony)'는 바로 '에이런(Eiron)'에서 유래한 말이다. 이렇듯 자신을 낮추는 방식과 아이러니는 묘하게 연결돼 있다. 알고 있어도 모르는 척 자기 스스로를 더 낮게 표현하는 방식은, 그 깊이를 모르는 사람들은 전혀 알아채지 못하니 말이다.

권좌에 앉은 이들의 과장된 위대함

'구분 짓기'는 인간이 정착 생활을 하면서부터 생겨나기 시작했다. 특정 지위를 가진 계층은 다른 사람들과 자신을 구분하는 경계를 만들었고, 자신을 따르는 사람들과 점점 거리를 두었다. 고대 이집트나 바빌론처럼 발달한 문화권에서는 지배자를 신과 같은 존재로 떠받들었고, 살아 있는 조각처럼 이상화했다. 그리하여 보통 사람은 왕의 얼굴을 보는 것조차 쉽지 않았다.

절대군주제에서는 이 같은 추세가 더 강력해졌다. 지배자가 행성이나 태양이라도 되듯 모든 것이 지배자를 중심으로 돌아갔다. 루이 14세가 왜 '태양의 왕(Le Roi Soleil)'이라고 불렸겠는가. 그는 대신들의 권력을 박탈하고 성을 쌓았으며, 수많은 후궁을 거느렸는가 하면, 궁중 연회에서 태양이 그려진 옷을 입고 춤을 추었다.

여기에 겸손과 절제라는 건 없었다. 지배자의 모든 것이 실제보다 더 위대하게 보이도록 만드는 것이 중요했다. 지배자가 실제로 어떠한지와는 무관하게 말이다. 그 누구도 왕을 능가해서는 안 되며, 그를 내려다봐서도 안 된다. 키가 큰 사람들은 머리를 조아리거나 무릎을 꿇어야 하는 게 당연하다. 왕은 모든 사람 위에 있는 존재다. 그래서 왕좌는 가장 높은 위치에 자리한다. 그 누구도 왕보다 더 높은 곳에 앉지 못한다.

지배자의 모든 약점과 결점은 조용히 덮어둬야 했다. 왕좌에 앉아서 자칫 나약하거나 안 좋은 모습을 보여주면 전체 시스템이 무너질 수 있기 때문이다. 왕국이 얼마나 막강한지 과시하기 위해서는 왕이 무능하거나 문제가 많은 유쾌하지 못한 상황도 철저히 은폐돼야 했다.

지금은 태양왕이 존재하지 않지만, 그들이 보여준 방식은 지속적으로 영향을 미치고 있다. 왕관을 쓰고 있지 않더라도 최고 자리에 앉은 사람은 종종 이상화되거나 특별한 능력이 있는 것으로 묘사된다. 사람들은 그를 따르는 게 당연하다고 생각하고, 그는 그 자리에 앉은 자신이 그래야 마땅하다고 으스대는 것이다.

이와 같은 출발점은 항상 위험을 동반한다. 과대평가된 위치에 선 지도자는 결국 재앙을 야기한다. 신처럼 여겨지길 원했던 왕들은 그들의 전통과 종교적인 의식에 갇혔고, 스스로 왕좌에 오르기 위해 총을 썼던 사람은 또 다른 파멸을 불러왔다. 권력을 장악하고 자신을 미화시킨 독재자들은 인류를 고통스럽게 하는 최악의 범죄를 저지르곤 했다.

이런 상황에서는 겸손의 방식이 나타나기 쉽지 않다. 최고 권력자의 뒤를 헌신적으로 따르는 이의 공손함은 결코 겸손이 아니다. 아이러니와 자의식 없이 누군가의 앞에 납작 엎드리는 것은 단지 비굴한 복종에 지나지 않는다. 그건 겸손과는 정반대에 존재하는 태도일 뿐이다.

기사도와 사무라이 정신

중세 시대의 기사들을 이야기할 때 가장 먼저 떠오르는 이미지는 무엇인가? 용기와 예의, 명예와 같은 덕목을 중요하게 생각하는, 소위 '기사도' 정신이 투철한 병사?

사실 '기사(騎士)'라는 계층은 세련된 귀족은 아니었다. 그들은 시골뜨기였고, 배움이 짧았으며, 영주를 위해서 혹은 영주가 원할 때 말을 타고 싸움을 했던 사람들이었다. 그런 그들이 도덕적 모범의 대명사로 떠오르게 된 것은 훨씬 후에, 그러니까 기사들의 시대가 점차 막바지를 향해 가던 때부터였다.

기사들의 미덕은 주로 궁정 문학에서 등장했고, 이는 그들이 공정함과 배려의 전형으로 인식되는 데 지대한 영향을 끼쳤다. 기사는 나약한 사람을 보호한다. 그들은 친절하고 자신을 완벽하게 통제한다. 헤라클레스나 길가메시 혹은 아킬레스처럼 종종 통제력을 잃고 무서운 전투 기계로 변하곤 했던 과거의 영웅들과 기사들은 달랐다(물론 '광란의 오를란도'라는 서사시처럼 중세 기사도 문학에서 벗어난 작품도 있지만, 고상하고 존경할 만한 기사의 이미지에 큰 타격을 주지는 않은 것 같다).

기사도의 핵심은 기독교 전통으로부터 상당히 많은 영향을 받은 겸손이었다. 또한 정중함과 앞에 나서지 않는 신중함도 중요한 덕목으로 요구됐다. 이와 같은 토대 위에서 오늘날 우리가 떠올리는, 스스로를 낮추고 절제하며 품위를 지키는 기사도가 만들어진 것이다.

기사도와 같은 사회적 통념이 서양에만 존재한 건 아니었다. 일본의 사무라이 정신도 기사도와 비슷한 도덕적 규범을 가진 통념이었다. 사무라이는 황제나 쇼군을 위해 헌신하는 고위급 군인으로 '보호자' 혹은 '봉사자'라는 의미를 갖고 있었다.

그들은 늘 말없이 조용했지만 기사들처럼 용기와 공

정함, 공손함을 갖고 있었다. 사람들 앞에서 항상 예의를 지키는 겸손함은 그들에게도 중요한 덕목이었다. 그리고 이 덕목은 특정 그룹에만 적용되는 규범 이상의 영향력을 미쳤고, 지금까지도 여전히 예의와 품위의 이상적인 척도로 여겨지고 있다.

예의의 대명사, 젠틀맨의 등장

이제 겸손함의 진수가 된 '영국 신사들'에 대해 살펴볼 차례다. 예의가 바르고 흠잡을 데 없다는 바로 그 '젠틀맨(Gentleman)' 말이다. 그들은 눈에 띄게 화려하지는 않지만 개성 있고 고상한 이미지를 풍기는 외향과 건전한 자의식을 가지고 있다. 때로는 자신을 한껏 낮추고 풍자하며 분위기를 살려주기도 한다.

스팅(Sting)의 노래, 〈잉글리시맨 인 뉴욕(Englishman in NewYork)〉에는 "젠틀맨은 걷지, 절대 뛰지 않아(A gentleman will walk but never run)"라는 가사가 있다. 1등

이 되기 위해 모든 것을 내걸고 그 목표를 달성하기 위해 애쓰는 사람은, 물론 멋진 남자이긴 하겠지만 젠틀맨은 아니다.

젠틀맨에게 '과도한' 것은, 그게 뭐든 모두 낯설다. 젠틀맨의 지식은 깊다기보다 넓다. 이는 그들의 식견이 피상적이라는 의미가 결코 아니며, 매우 광범위한 상식을 가지고 멀리 본다는 것을 의미한다. 그들은 고루하지도 소심하지도 않다. 설령 전문지식이 부족하더라도 그들에게서 흘러나오는 광채는 옅어지는 게 아니다.

영국에서 젠틀맨이라고 불리던 계층은 전통적으로 상류층 출신을 의미했다. 그러나 시간이 갈수록 젠틀맨이라는 개념은 계급적 구분이라기보다는 어떤 특성과 태도와 연관 지어 사용되기 시작했다.

영국 빅토리아 시대의 작가 앤서니 트롤럽(Anthony Trollope)은 이렇게 표현했다. "귀족이라는 것도 이미 매우 대단하지만, 젠틀맨이라는 것은 더욱더 대단하다." 젠틀맨이라는 호칭 자체가 어떤 사람의 됨됨이에 대한 보증

과도 같은 말이 된 것이다. 어떤 사람이 젠틀맨이냐 아니냐 하는 물음은 그 사람의 사회적인 배경이 아니라 그 사람의 태도를 묻는 것이다. '신사의 삶의 기술'에 관한 글을 썼던 철학자 마틴 쉐러(Martin Scherer)는 "관리인들이 일하는 수위실이든, 외교적인 자리에서든, 요양원에서든 젠틀맨이 있을 수 있다"고 말했다. 정중함, 자기 통제, 자기 풍자(아이러니)의 매력, 그리고 겸손함이 그들이 가진 공통된 태도라는 것이다.

젠틀맨은 눈에 띄려고 하지 않으며, 선동도 하지 않는다. 그들은 자신을 보여주기 위한 모든 것들과 완전히 결별한다. 이런 점은 '댄디'라고 불리는 소위 멋쟁이들과도 차이가 있다. 댄디한 이들도 예의가 바르고 고상한 분위기를 풍기지만, 그들은 주의를 끈다. 댄디는 자신을 세련되게 꾸미는 것을 추구하지만 젠틀맨은 보이기 위해 꾸미지 않는다. 소설가 오스카 와일드(Oscar Wilde)는 그 차이를 이렇게 표현했다. "젠틀맨은 지나가는 사람들이 그냥 지나치게 옷을 입지만, 댄디는 지나가는 사람들이 멈추어 서게 옷을 입는다."

어찌 보면 젠틀맨의 특징을 두고 지금과 같은 자기 표현의 시대와는 결이 맞지 않는다고 할지도 모르겠다. 확실히 젠틀맨은, 요즘처럼 신경이 날카로운 시대를 살아가는 사람들은 쉽게 누리지 못하는 뭔가를 갖고 있다. 바로 여유와 평온함이다.

우리는 끊임없이 앞으로 나가야 하고, 때로는 유연하게 가던 방향을 전환해야 한다. 뒤처지지 않으려면 쉼 없이 자기계발을 하며 스스로를 매니지먼트해야 한다. 사회학자 하르트무트 로자(Hartmut Rosa)는 이런 현대인에 대해 "연결점을 놓치지 않으려고 하는 '업데이트 기질'이 있다"고 평했다. 그런가 하면 독일의 시인이자 수필가 페터 륌코르프(Peter Rühmkorf)는 "많은 아이디어가 급하게 밀려왔다가 사라진다. 그 아이디어들의 배후에 제대로 된 사람은 없다"라고 표현했다.

빠른 사람들이 느린 사람들을 잡아먹는 세상이다. 끊임없이 서두르는 사람만이 뒤처지지 않는다. 어디를 가도 빠른 것이 대세다. 모든 게 더, 더, 더 빨라야만 한다. 단축되고, 압축돼야 하며, 즉시 연결돼야 한다. 내일이면 게임의 규칙은 또 바뀔 수 있다.

　그러나 젠틀맨은 이런 흐름과는 다른 삶을 산다. 그들은 걸을 뿐 절대 뛰지 않으니까. 그들은 서두르지 않고, 압박을 받지도 않는다. 주변으로부터 관심을 끌 필요도 느끼지 않는다. 자신의 내적인 가치를 이미 그들 자신이 가장 잘 이해하고 있기 때문이다. 그들은 난국을 타개하기 위해 그 누구에게 확신을 심어줄 필요도 없으며, 존경받기 위해 탁월해야 할 이유도 없다.

　또한 그들은 주변 사람들에게 호기심과 존경심을 안고 대할 수 있다. 주변 사람들이 어떤 계층에 속하더라도 말이다. 그들에게는 자신이 정한 만족스러운 위치가 따로 있기에 사회적, 물질적 성공을 위한 전략적인 계획은 중요치 않다.

　바로 이러한 점 때문에 사람들은 젠틀맨을 더 신뢰할 수 있고, 더 편하게 대할 수 있다. 그들은 누군가를 이용하거나 버리지 않는다. 만일 그들이 누군가를 지지하고 지원해 준다면, 그건 인정해서 도와주려는 것일 뿐 자신의 이득을 챙기기 위한 의도가 아니다.

이런 점에서 보면 젠틀맨은 하나의 이상이다. 분명한 건, 우리가 더 나은 삶을 사는 데 도움이 되는 이상이라는 점이다. 우리가 어떤 사회 계층에 속해 있든 상관없이 말이다.

기분과 감정에 휘둘리지 않는 태도

젠틀맨에게는 이 책이 말하고자 하는 주제를 잘 표현하는 지점이 또 있다. 그들은 자신의 감정이 제멋대로 표출되도록 하지 않는다. 자신의 감정을 타인이 지배하도록 두는 게 아니라 스스로 다스리는 것이다. 과거 누군가의 표현을 그대로 빌리자면 그들은 쉽게 "자제력을 잃지 않는다." 영어로 표현하면 "to keep a stiff upper lip(윗입술을 뻣뻣하게 유지한다)", 즉 어떤 상황에서도 감정적으로 동요하지 않으며 꿋꿋하게 버틴다.

젠틀맨은 자신의 감정을 쉽게 드러내지 않고 중립적인 태도를 취한다. 그래서 어떤 이들은 속을 알 수 없다고도 하고, 너무 자기 자신에게 엄격하게 군다고도 한다. 하지만 젠틀맨은 결코 감정적으로 얼음덩어리가 아니다. 오히려 따뜻한 마음을 의미하는 온정이 젠틀맨과 더 가깝다. 다만 젠틀맨은 그와 같은 감정을 품고 집집마다 다니지 않을 뿐이다.

젠틀맨은 항상 세련되게 거리를 둔다. 그들의 친절은 결코 부담스럽지 않다. 그들은 적당하게 다정하고 적절한 친절을 베푼다. 이것이 바로 그들의 강점이다. 고상하게 겸손하면 다른 사람들에게 충분한 심리적 여유를 제공한다. 겸손한 태도는 결코 공간을 독차지하지 않는다.

젠틀맨은 또한 자신의 사적인 감정으로 상대방을 괴롭히지 않는다. 상대를 배려하기 때문이다. 이렇게 한번 생각해 보자. 어떤 일에 큰 성공을 거둔 당신은 지금 이루 말할 수 없는 자부심과 큰 기쁨을 느끼고 있다. 그런데 이런 감정을 다른 사람들과 대화하면서 거리낌 없이 표출한다면 사람들이 어떤 반응을 보일까?

모두가 당신의 기쁨에 동참해 주지는 않을 것이다. 당

신에게 악의가 있어서가 아니라 단순히 당신의 감정에 공감하지 못할 수도 있기 때문이다. 어떤 이들은 억지 미소를 지으며 애써 기뻐하는 듯 행동할 수도 있다. 단지 불친절하게 보이고 싶지 않아서 말이다.

젠틀맨은 사람들이 그런 상황에 놓이기를 바라지 않는다. 따라서 자랑하고 싶은 감정을 절제한다는 것은 기뻐하는 마음에 재를 뿌리는 게 아니며, 어려운 상황에서도 자신을 통제하고 사려 깊게 행동한다는 뜻이다. 만일 누군가가 이성을 잃고 행동하거나 분노를 터뜨린다 해도, 젠틀맨은 침착하게 대응하고 이성적으로 행동할 것이다. 그는 사람들을 선동하지 않으며, 균형을 잃지 않는다. 그래서 신뢰를 얻고 존경을 받는다.

항상 친절한 태도를 유지하는 그들의 행동에서 어떤 사람들은 이런 신호를 읽기도 한다. '이 사람은 해롭지 않아서 내가 뭔가를 얻어낼 수도 있겠군.' 하지만 이건 젠틀맨의 진면모를 몰라서 하는 착각이다. 상대가 자신을 대하는 방식을 보고 상대가 어떤 사람인지 간파하는 현명한 젠틀맨은 결코 그 의도대로 휘둘리지 않기 때문이다.

상대가 자신을 우습게 여기는 그런 상황에서도 젠틀맨은 상대를 비웃거나 난처하게 만들지 않는다. 오히려 모른 척 넘어가거나 상대가 그 당혹스러운 상황에서 빠져나올 수 있도록 도와주기까지 한다. 그리고 상대의 실수나 잘못을 다른 사람에게 퍼뜨리지도 않는다. 누군가를 웃음거리로 만들거나 약점을 들추어 내는 일은 하지 않는다.

상대가 동의할 수 없는 의견을 말해도 젠틀맨은 '그럴 수 있다'고 생각한다. 다른 사람의 주장을 반박하지 않고, '내가 틀릴 수도 있다'고 생각하는 것이다. 다른 사람의 품위를 인정해 줌으로써 자신의 품위를 지키는 사람, 그게 바로 젠틀맨이다.

> "너의 지식은 회중시계처럼 주머니에 넣어두어라.
> 네가 지식을 가지고 있다는 사실을 보여주기 위해
> 절대로 그걸 함부로 꺼내지 말아라."
>
> _ 필립 스탠호프(Philp Stanhope), 체스터필드의 백작, 아들에게 쓴 편지에서

선함은 소박한 그릇 안에 있다

어떤 사람이 젠틀맨인지 아닌지는 그가 아랫사람들을 대하는 태도만 봐도 알 수 있다. 젠틀맨은 자신의 지위를 이용하거나 특권을 요구하지 않으며 늘 아랫사람들을 존중한다.

마찬가지로, 자신보다 높은 지위에 있는 사람들을 어떻게 대하는지도 매우 중요한 문제다. 만약 지위가 높은 사람이 전혀 신사처럼 굴지 않을 때 어떻게 해야 할까?

이와 관련한 역사적인 예로 '시민의 겸손'에 대해 짚어보려 한다. 앞서 살펴봤듯이, 권력자들의 삶은 낭비, 허영 그리고 이기심으로 점철돼 있었고, 궁정은 권태와 음모의 상징이 되었다. 소박한 사람들을 희생시키는 그들을 향한 비난이 팽배해져만 갔다.

시민 계급이 부상하며 새로운 영향력을 얻게 되었고, 이들은 다양한 방식으로 이 변화를 받아들였다. 부를 쌓은 시민 계급은 귀족을 모방하며 궁전 같은 집을 짓고 그들의 행동을 따라 하기 급급했고, 부유와는 거리가 먼 일부 시민들도 귀족의 생활 방식을 추종하며 베르사유 궁정에서처럼 전원극을 거행하거나 궁정 시풍의 부자연스러운 시구를 짓기도 했다.

그러나 그들과는 완전히 다르게, 의식적으로 모범적이지 못한 귀족과 거리를 둔 시민들도 있었다. 독선적이고 거짓을 일삼는 귀족과는 대조적으로 그들은 자신들만의 고유한 정체성과 윤리적 규범을 만들어갔다. 시민으로서 그들은 겸손하고 정직했으며, (순종하지 않고) 친절했다.

우리가 여기에서 다루고 있는 주제는 화려하게 빛나는 아름다움이나 외적인 권력이 아니라 내면의 가치에 관한 것이다. 진정한 시민들이 항상 강조했던 것도 바로 그런 점이다. 즉, 선(善)은 보이지 않는 그릇에 숨어 있다는 것이다. 진실에 다가가기 위해서는 늘 더 자세하게 살펴보고 깊이 들어가야 하며, 표면 아래를 파헤쳐봐야 한다. 휘황찬란하게 화려한 것은 결코 선을 보장해 주지 않는다. 그런 것은 효과, 환상, 기만에 바탕을 두고 있다. 압도하고 위협할 뿐 본질적인 것은 숨긴다.

그러나 소박하고 겸손한 시민은 그와 같은 술책들은 전혀 쓰지 않는다. 그게 진정한 인격의 표시가 아닐까. 시민의 영웅은 매우 인상적인 인물은 아니다. 심지어 못 보고 지나칠 수 있는, 드러나지 않는 삶을 살 수도 있다. 그런 인물이 완성하는 일들은 과거 영웅들의 거대한 업적에 비하면 그다지 압도적이지 않을 것이다. 과거 영웅들의 업적은 유일무이하며 능가할 수 없는 것처럼 묘사되었으니까. 그러나 시민적인 영웅은 특별하지 않을지라도 나름의 강점을 분명히 갖고 있다. 독자나 관객은 바로 그 시민적 영웅의 입장에서 함께 느끼고 괴로워하고 기뻐할 수 있기 때문이다.

시민의 겸손함에 대해 일찌감치 강조한 사람이 아돌프 크니게(Adolph F. Knigge)다. 그는 가난한 귀족 출신으로 프랑스 혁명을 지지했고, 당국은 그를 위험한 민주주의자로 간주했다. 그의 저서『뒤돌아서 후회 않는 사교술』은 단순한 사고 지침서가 아니라 다양한 사람들과 어떻게 잘 지낼 수 있는지에 관한 지혜를 담고 있다.

귀족을 비판적으로 관찰한 크니케의 시각은 지극히 시민적이었다. 그에 따르면, 사람들 앞에서 좋은 태도는 자의식을 갖고 소박하게 행동하는 것이었다. 그는 아첨을 경멸했고, 어떤 허풍도 없이 자신의 본모습을 그대로 보여줘야 한다고 강조했다. '겉으로 보이는 것보다 더 많은 것이 숨어 있는' 겸손한 태도를 그는 "매우 사랑스러운 특징"이라고 말하며 "이런 태도를 가진 사람이 드물어질수록 더 인상적인 장점이 된다"고 했다.

현명하고 강인한 사람이 겸손하다는 것 또한 중요한 특징이다. 크니게는 이렇게 말했다. "귀족이 똑똑할수록 더 소박해진다. 자신에 대해 의심을 갖고 덜 뻔뻔해진다." 원래 탁월한 사람일수록 사람들의 관심을 덜 끌려고 하는 법이다. 그게 소박한 그릇의 진가다.

경계의 자유

'경계를 정하는 것'에 대해 당신은 어떻게 생각하는

가? 누군가는 이에 대해 뭔가 의심스럽게 볼 수도 있을 것이고, 누군가는 욕심이 부족하거나 행동력이 약하거나 기회를 포기하는 것이라 여길 수도 있을 것이다.

그러나 나는 이런 관점에서 얘기하고 싶다. 남이 정한 경계는 나를 가두지만, 내가 정한 경계는 나를 규정하는 것이다. 그것은 끝이나 한계를 보여주는 게 아니라 정체성을 세우는 표시다.

내 경계 너머에 있는 것은 나에게 속한 것이 아니다. 나는 내 경계 안에 있는 모든 것들을 위해 관심을 기울이고 신경을 쓴다. 즉, 내가 어찌할 수 없는 경계 너머를 위해 나를 소모하는 것이 아니라 내가 할 수 있는 것에 최선을 다한다는 의미다. 경계 너머를 바라보며 그 경계를 넘어서려고 애쓰는 것이 아니라 있는 그대로의 내가 되는 것이다. 스스로 경계를 정하는 사람은, 자신의 가능성을 줄이고 제한할 필요가 없으며 오히려 자신의 힘에 집중할 수 있다.

이와 반대로 자신의 경계 혹은 한계를 넘어서려는 사람은 힘을 소진하는 과제를 떠맡기 일쑤다. 자신의 정체성을 스스로 결정하지 못하고, 어디가 자신의 경계인지 파악하기 힘들어진다. 급기야 모든 방향으로 흩어져버리는 것이다. 이제 모든 상황이 그를 제한하며, 어떤 가능성도 이용할 수 없도록 방해한다.

우리 자신이 그 경계를 직접 세우면, 그 경계로 인해 자유를 상실하는 것이 아니라 오히려 더 많은 자유를 얻게 된다. 이와 같은 맥락에서 볼 때, 겸손한 태도는 자신의 경계를 분명히 정하는 것과 같다. 자신이 정한 경계 안에서 더 깊어질 수 있도록 말이다.

"나의 자유는,
내 모든 계획을 위해 스스로 정해둔
좁은 공간에서 가장 활발하게 움직입니다.
그리고 나의 자유는,
내가 내 행동반경에 더 밀접하게 숨어 있고
더 많은 방해물을 쌓아둘수록 더 커집니다."

_ 이고르 스트라빈스키(Igor stravinsky), 작곡가

속물근성과 가짜 겸손

겸손함과는 완전히 반대적인 측면에서의 경계 짓기에 대해 잠깐 짚고 넘어가자. 사회적으로 자신보다 높은 계층을 추종하면서 자신보다 아래에 속하는 사람들과 자신을 철저히 구분 짓는 태도, 우리는 그런 태도를 가진 사람을 '속물'이라고 부른다.

속물근성은 시민적 소박함이나 겸손과는 정반대에 존재한다. 속물은 자신의 지위를 나타내는 상징을 남들에게 보여주고자 하고, 이를 통해 사회적인 인정을 받고자 한다. 이와 동시에 그들은 다른 사람들이 어떤 지위를 가지고 있는지에 대해서도 매우 주의를 기울인다. 자신이 계속 관리해야 하는 사람과 어울릴 가치가 없는 사람을 구분하기도 한다.

그들은 지극히 출세 지향적이다. 언제나 더 상위그룹에 속하기를 원하며, 오로지 외적인 인상에만 집중한다. 자신의 사회적 지위를 과시할 수 있는 상징들과 승자라고 불릴 법한 외관 말이다.

때로는 겸손을 가장한 행동도 가감 없이 보여준다. 속물근성도 한껏(그리고 거짓되게) 표현되면 언뜻 겸손처럼 보이기도 한다. 그들은 겸손을 마치 자신의 성공을 말해주는 최고의 상징처럼 치장하겠지만, 그건 겸손이 가진 핵심을 빼앗는 결과가 되고 만다.

어느 성공했다는 사람의 인터뷰 현장에서 있었던 일이다. 이 인터뷰는 오직 한 가지 목표에만 치중돼 있었다. 이날의 주인공은 1등으로 보여야 한다는 것. 그리하여 그에게 이런 질문이 던져졌다. "당신에게 성공이란 무엇입니까? 수영장이 딸린 집인가요? 고객들의 열광인가요? 가족의 행복입니까? 아니면 차고에 세워둔 포르쉐?"

주인공은 잠시 생각에 빠진 듯하더니 스스로가 너무 대견하다는 듯 이렇게 답했다. "나는 그 모든 것을 다 가지고 있어요! 그래서 다른 답을 당신에게 줄게요. 나는 지금 또 다른 성공을 생각하고 있어요. '어떻게 하면 고객들의 삶을 지속적으로 향상시킬 수 있을까?' 하는 것이죠." 오 마이 갓. 끔찍하게 뻔한 이 대답을 듣고 나니 차라리 정직한 떠벌이가 더 그리워진다.

모두 겸손할 수 있다

앞장에서 살펴봤듯이 겸손은 역사를 유유히 거쳐왔다. 기사도의 덕목으로, 젠틀맨의 이상으로, 혹은 시민적 소박함으로 말이다. 사회의 특정 그룹이나 환경은 늘 고유한 형태의 겸손을 선택했다. 그리고 겸손은 그들이 좋은 평판을 받고 신뢰를 얻는 데 분명히 도움이 되었다.

사실 역사적으로 겸손한 삶의 방식을 보여준 이들은 불이익을 받는 계층에 속하지 않았다. 그들은 상대적으로 높은 지위를 갖고 있었기 때문에 겸손하게 자신을 낮출 수 있었다. 낮은 지위에 있었다면 특별히 자신을 낮추는 표현을 할 수도 없었을 거란 뜻이다. 이런 점에서 볼 때 겸손의 방식은 '보다 높은 수준'에 있는 사람들을 위한 덕목이 아니냐고 물을 수 있다.

하지만 겸손이 '더 나은 부류'에만 적용할 수 있는 것이라면, 겸손의 의미를 축소시킨 것이라고 생각한다. 대체 누가 '더 나은 부류'에 속한다고 할 수 있겠나. 누가 누구의 위에 있다는 것은 쉽게 말할 수 없는 문제다. 분명한 건 단순히 재산이나 연봉이 사람의 수준을 판단하는 기준은 아니라는 사실이다.

판단의 기준은 모두 다를 것이다. 우리가 살고 있는 다원주의 사회가 그렇다. 아주 다양한 가능성이 있고, 아주 다양한 생각들이 존재한다. 나는 그저 다음과 같은 말로 이 장을 마무리하고 싶다.

"우리는 모두 겸손할 수 있다."

2부

기분은 선택할 수 없어도

태도는 선택할 수 있습니다

소란을 떨지 않고도
과도히 애쓰지 않고도
감정을 소모하지 않고도

그들은
조용하고 강력하게
자신이 맡은 일을 잘해낸다

4

나를 소모하지 않는
태도의 심리학

자신을 기꺼이 낮추는 겸손한 사람들의 심리는 뭘까? 어째서 그들은 자신의 실력을 뽐내는 대신 오히려 감추고, 심지어 다른 이들에게 기회를 양보하기도 할까? 그러면 손해 보거나 억울한 일이 생길 수도 있지 않을까?

여기에도 다양한 논점이 있을 수 있는데, 일단 의심할 여지 없이 중요한 측면은 '나를 낮추면 상대는 긴장을 풀고 나를 대할 수 있다'는 점이다. 그리고 이는 새로운 이점과 이어진다. '그래서 겸손하게 행동하면 많은 것을

얻을 수 있다.'

높은 지위는 상대에게 부담이 된다. 눈높이가 비슷하거나 내가 주눅 들지 않을 수 있는 상대라야 마음을 더 쉽게 연다. 말도 더 편하게 할 수 있고, 공감의 폭도 더 넓어진다.

또한 겸손한 행동은 겸손한 사람이 가장 잘 알아본다. 그리하여 겸손은 또 다른 겸손과 연결된다. 즉, 세심하게 낮추어 표현하는 감각이 있는 사람은 그런 사람과 있을 때 편안함을 느끼며 더 가까워진다. 반대로, 겸손한 행동은 겸손하지 않은 사람들을 알아차리는 데 도움을 준다. 허영심이 강하고 자기중심적인 사람들은 상대를 불편하게 만든다. 그들에게 겸손하게 다가가면, 나를 쉽게 얕보는 행동을 서슴없이 드러낸다. 그런 이들과는 거리를 두고 멀리하면 되는 것이다.

스스로를 낮추는 겸손한 태도는 다른 사람들로부터 과소평가 받을 수 있다. 이는 앞에서도 이미 이야기한 바 있듯이, 분명히 장점이다. 적절한 시기에 과소평가 받는 행운을 누린 사람은 나중에 인상적인 신뢰를 얻기가 더 수월해진다. 물론 겸손함이 그걸 노린 의도적인 행동은 아니다. 겸손한 사람은 다만 자신의 성과에 대해 크게 언급되지 않도록 조심할 뿐이다. 자연히 외부로부터의 저항도 훨씬 적게 받는다. 과대평가된 사람은 약점이 드러날까 봐 노심초사하겠지만, 과소평가 받은 사람은 두려울게 별로 없다.

마지막으로, 겸손함은 자신감과도 관련이 깊다. 스스로를 믿는 사람만이 자신을 낮추는 표현도 할 수 있다. 간혹 오해하는 사람들이 있는데 부족한 자의식의 표현은 겸손이 아니다.

내면이 강하지 못한 사람은 절대 겸손한 행동으로 등장하지 못한다. 그런 이들은 자신의 능력에 대해 잘못 생각하고 있을 확률이 높고, 자신이 실제보다 더 많은 것을 할 수 있다고 착각한다. 반면 내면이 강한 사람은 자신의 약점과 부족한 점에 대해 인지하고 이를 가감 없이 인정한다. 자신의 가능성을 의심하기 때문이 아니라 자신에게 엄격하기 때문이다.

자존감과 겸손의 상관관계

심리학에 대해 이야기할 때 자주 등장하는 단어가 '자존감'이다. 이 자존감은 행복을 느끼기 위해 반드시 필요한 감정이지만 잘못 발현될 때도 더러 있다. 자신을 과대평가함으로써 불손하게 되는 경우다. 겸손이 무엇인지 잘 모르는 이들, 진짜 겸손과는 거리가 먼 이들에게는 이런 일이 종종 일어난다.

세련되게 겸손하려면 비대한 자신감이 아니라 '건전한 자존감'이 필요하다. 스스로를 과도하게 포장하지 않아야 하며, 너무 비판적으로 나갈 필요도 없다. 자신의 존재감을 확인할 수 있으면 된다. 나는 대체로 잘하고 있고, 이 정도로도 충분히 괜찮다는 사실을 알면 된다.

물론 이를 의심하게 되는 계기는 왕왕 발생한다. 이런저런 일이 잘 풀리지 않을 수도 있고, 사소한 실수를 할 수도 있으며, 의도치 않은 잘못을 저지를 수도 있다. 그러나 기본적으로 있는 그대로의 나에 대해 편안하게 받아들일 수 있느냐 하는 점이 중요하다. 철학자 빌헬름 슈미트

(Wilhelm Schmidt)는 이를 "자신과 친해지기"라고 표현한다. 자신과 친해지려면 자신의 한계를 알고, 자신에게 과도한 것을 요구하지 않아야 한다. 그래야 자신을 신뢰할수 있으며, 자존감도 안정된다.

"무능해도 정말 괜찮다.
나도 그렇고, 내가 아는 모두가 그렇다."

_ 스티븐 파일(Stephen Pile),
『영웅적 실패에 관한 최후의 책(The Ultimate Book of Heroic Failures)』저자

자존감은 '다른 사람이 나를 어떻게 생각하느냐'를 얼마나 중요하게 여기는지에 관한 문제이기도 하다. 다른 사람이 나를 거절하면 스스로를 의심하는 마음이 생길 수 있다. 반대로 다른 사람들로부터 박수갈채를 받으면 강해지는 느낌이 들기도 한다. 물론 다른 사람의 생각도 의미가 있을 수 있다. 내 행동에 대한 타인의 견해를 거울 삼아 나를 더 잘 알아갈 수도 있으니까. 그러나 그 거울이 나의 전부는 아니다.

탄탄한 자존감을 갖고 있다면 외부의 평가에 일희일비하지 않는다. 자신에 대해 스스로 판단할 수 있는 힘을 가지고 있기 때문에 다른 사람의 견해는 가려들을 수 있는 것이다. 자존감에 상처를 내지 않고서도 스스로를 객관적으로 평가할 수 있다. 자신의 경험과 지식, 또한 자신의 가치를 믿는다면, 그 마음이 발판이 되어 더 독립적인 여유와 편안함을 누릴 수 있는 것이다.

> "평온함은 우아한 형태의 자긍심이다."
>
> _ 마리 폰 에브너-에셴바흐(Marie von Ebner-Eschenbach),
> 오스트리아의 작가

이와 같은 내면의 힘은 겸손을 행할 수 있는 탄탄한 기초가 된다. 많은 사람이 나를 제대로 인정해 주지 않아도, 나의 가치에 대해서 잘 모르고 있어도 받아들일 수 있다. 타인의 판단에 의지하거나 좌우되지 않는다. 타인의 인정 없이도 자기 자신과 잘 지낼 수 있다. 심지어 한 걸음 더 나가서 생각해 볼 수도 있다. 타인이 나를 제대로 파악하지 못한다는 사실은 내가 아니라 그에게 불리한 일이라고. 그는 겉모습에 의존하고, 피상적인 판단을 내리며, 겉보기에만 그럴싸한 것을 우선시하는 무능한 사람이 되는 것이다.

한 사람의 능력이라는 건 간단하게 판단할 수 있는 게 아니다. 보이는 것보다 보이지 않는 것들이 더 많기 때문이다. 그런 점에서 겸손은 중요하다. 겸손이야말로 '보이는 것보다 더 많은 것이 숨어 있음'을 말해주는 믿을 만한 증거이기 때문이다.

핸디캡의 원칙

수컷 공작새 이야기를 해보려고 한다. 화려한 깃털을 가진 수컷 공작새를 떠올리면, 언뜻 겸손과는 거리가 멀어 보일 수도 있다. 그런데 이 동물이 보여주는 행동에서 겸손의 한 측면을 발견하고 이해할 수 있지 않을까 싶다.

수컷 공작새가 파란색 날개를 쭉 뻗으면, 그 길이는

자그마치 2미터까지 펼쳐진다. 그 가운데 가장 화려한 깃털인 꼬리털은 120~130센티미터에 달한다. 사실 이 거대한 깃털은 공작새의 활동을 방해하는 성가신 존재다. 빨리 달릴 수도 없고, 날 수도 없으며, 숨는 것도 힘들기 때문이다. 그럼에도 그들의 화려하고 거대한 깃털은 어떻게 자연도태되지 않고 더 발달하게 되었을까? 이유는 간단하다. 암컷들이 더 크고 인상적인 깃털을 가진 수컷을 선택했기 때문이다. 수컷의 깃털은 대를 이어 유전되었고, 그들의 꼬리 깃털은 점점 더 거대해졌다.

여기서 궁금한 점은 이것이다. 암컷 공작새들은 왜 더 재빠르고 날쌔 보이는 수컷이 아니라 화려하고 거대한 깃털을 가진 수컷을 선택하는 것일까? 이스라엘 출신의 동물학자 아모츠 자하비(Amotz Zahavi)와 아비삭 자하비(Avishag Zahavi)는 바로 이와 같은 선택을 일컬어 '핸디캡의 원칙'이라고 불렀다.

색채가 너무 두드러지거나 크기가 크면 다른 동물의 눈에도 더 잘 띄기 마련이다. 포식자인 다른 동물의 먹이가 되기 쉽다는 말이다. 화려하고 큰 깃털이 공작새에게는 약점, 즉 핸디캡인 셈이다. 그러나 겉으로 드러난 그 약점이, 오히려 보이지 않는 탁월함을 입증하는 표시가 된다. 만일 탁월함이 숨겨져 있는 게 아니라면 이미 오래전에 다른 동물들의 먹이가 되었을 테니까 말이다. 암컷은 그래서 더 화려하고 큰 깃털을 가진 수컷을 선택한다. '이렇게 눈에 띄는 색채와 뒤태를 가진 수컷이라니! 새끼를 낳기에 이보다 더 건강한 수컷은 없을 거야!'

따라서 수컷 공작새가 자신의 날개를 펼치며 구애하는 행동은, 동물학자의 시각에서 보면 뽐내는 행위가 아니라 자신의 핸디캡을 보여주는 것에 더 가깝다. 그리고 바로 이 지점이 여기서 내가 말하려 하는 겸손함과 연결된다.

우리 주변에는 자신의 탁월함을 드러내고 증명해 보이려고 애쓰는 사람들이 꽤 많다. 어쩌면 현대 사회가 그걸 요구하는 것일지도 모른다. 모든 게 자기 홍보인 시대다. 불꽃 튀는 경쟁 속에서 칭찬받고 인정받으려면 자신이 얼마나 열심히 했으며, 얼마나 의미 있는 결과를 얻었는지 설명해야 한다는 강박이 팽배하니까. 그래서 이 모든 시끌벅적한 과시 속에서 자신을 드러내지 않고 조용히 있는 것은 약점이 된다고도 한다.

그러나 나는 반대로 생각한다. 과감히 그 나팔의 행렬에서 벗어날 수 있는 사람은, 겉으로 드러나지 않는 '내적인 힘'을 갖고 있다는 신호라고 말이다. '이렇게 경쟁이 치열한데 저 사람은 어떻게 저렇게 평온하고 차분하지?' 이런 의문이 강하게 드는 사람이라면, 그는 분명 자신의 실력을 감추고 있는 '겸손한 능력자'일 것이다.

이것이 '핸디캡의 원칙'이다. 다른 사람에게 아첨하며 특별한 인상을 주지 않아도 된다. 뽐내거나 화려한 겉치레를 할 이유도 없다. 오히려 그런 것들로부터 자유로워질 때, 당신이라는 사람이 더 빛날 수 있다.

물론 이 말에 반박하는 사람도 있을 것이다. 듣기에는 그럴싸하지만 현실은 그렇지가 않다고. 당신 말이 진짜라면 자기 홍보를 대대적으로 하는 사람들이 왜 더 많겠냐고. 맞다. 내 말이 억지일 수도 있다. 나는 그냥 이렇게 말하고 싶다. "가장 인상적인 깃털을 가진 수컷 공작새들은 자기 생각이 분명하고 고집이 있다. 그리고 안목 있는 암컷 공작새는 수컷 공작새의 드러나지 않은 진가를 분명 알아볼 것이다."

기대를 뛰어넘는 전략적 비관주의

원래 기대가 높을수록 실망도 커지는 법이다. 높은 기대를 능가하는 뭔가를 보여줘야 하기 때문이다. 그것도 거창하게 혹은 분명하게. 그저 그런 수준에 그치면 기대는 쉽게 충족되지 않는다. "이 정도까지 해낼 줄은 정말 상상도 못 했어요." 사람들이 깜짝 놀라 이런 말을 할 때 비로소 인정받을 수 있는 것이다.

그래서 기대가 높다는 것은 사실 그리 좋은 신호가 아니다. '대단한 사람이네'라는 말을 처음부터 들었다면, 이후로 '과소평가' 받기란 매우 힘들어질 테니 말이다.

보통 어떤 일이 잘못되거나 생각처럼 잘 안된다면, 그렇게 될 수밖에 없는 원인이 분명히 있다. 그 원인 중 하나가 바로 '과대평가'다. 특히 일이 잘될수록 과대평가라는 위험이 도사릴 확률도 커진다. 이 점에 대해서는 뒤에서 짚어보기로 하고, 여기서는 '과소평가'의 측면만을 얘기해 보자.

모든 사람이 과소평가에 대해 긍정적으로 생각하지는 않겠지만, 그래도 꽤 많은 사람이 알게 모르게 '과소평가'를 즐긴다. 어쩌면 당신도 나처럼 이 부류에 속할지도 모르겠다. 만일 그렇다면, 당신은 두 가지 큰 장점을 갖고 있는 셈이다.

한 가지 장점은 이미 언급하기도 했는데, '나를 소모하는 일에서 해방될 수 있다'는 점이다. 높은 목표를 정해 둔 사람은 압박감에서 자유롭기가 힘들다. 그럼에도 많은 사람이 그 압박감을 내려놓지 못한다. 아니 오히려 압박감은 필요한 거라고, '진정한 도전'은 그런 거라고 말한다. 처음에는 좋은 컨디션을 유지하며 달리지만 최고가 되기 위해 어느덧 자신을 내던진다. 이렇게 내달리기 시작한 이에게 겸손할 여유는 없다.

반면 자신의 능력을 드러내지 않는 사람들은 부수적인 압박감을 느낄 필요가 없다. 이들은 평온을 원한다. 1등이 아니어도 괜찮다. 설령 일이 대단히 잘되지 않더라도 원하는 수준만큼 해낼 수 있다고 믿는다. 그러니 부담감을 덜 느끼면서 현재에 집중할 수 있다. 무엇보다 중요한 것은 신뢰의 문제다. 믿을 수 있는 사람이 되려면 너무 많은 약속을 남발하거나 장담하지 않아야 한다.

　　이와 같은 절제는 '전략적 비관주의'라고 부르는 태도와 매우 가깝다. 전략적 비관주의자들은 모든 일이 뜻대로 되지 않을 가능성도 있다고 생각한다. 그렇다고 노력을 안 해도 된다는 뜻은 아니다. 오히려 정반대다. 이들은 '최악의 경우'를 예상하면서 더 차분하고도 세심하게 주의를 기울이며 임한다.

　　웰즐리대 심리학과 교수 줄리 노럼(Julie Norem)은 이 '전략적 비관주의'에 대해 철저히 연구했고 다음과 같은 결론에 이르렀다. "이런 경향이 있는 사람들은 실패의 두려움을 장악할 수 있는 매우 효과적인 방법을 가지고 있다." 그녀는 미국의 추리소설 작가 렉스 스타우트(Rex

Stout)가 창조한 형사 캐릭터 네로 울프(Nero Wolfe)의 말을 인용하며 이렇게 표현했다. "전략적 비관주의자들은 오로지 긍정적인 놀라움만 체험한다."

과소평가를 통해 얻을 수 있는 두 번째 장점은 '기대 이상을 해내는 더 큰 기쁨을 누릴 수 있다'는 점이다. 이는 뇌과학적으로도 설명된다. '어떤 일이 확실시된다'고 생각할수록 그 일이 진짜 성사되었을 때 도파민이 더 적게 나온다. 도파민이란 뇌의 포상 시스템으로, 우리가 행복감을 느낄 때 나오는 호르몬이다.

만일 어떤 일이 크게 기대하지도 않았는데 성사되었다면, 아주 많은 도파민이 분비된다. 그러면 제대로 행복감에 젖을 수 있고 특별히 깊은 인상을 받게 된다. 그러나 '당연히 이뤄질 것'이라고 확고하게 예측하면, 우리의 뇌는 신속하게 그 일이 처리되었다고 인식하고 다른 일로 넘어간다.

과소평가는 이런 메커니즘의 혜택을 누릴 수 있게 해준다. 조용하고 묵묵히 있던 당신이 인상적인 퍼포먼스를 해냈고, 그럼에도 당신이 겸손한 자세로 스스로를 낮춘다면, 그 결과는 놀라울 것이다. 당신에게 공감하고, 당신에게 신뢰를 보내는 사람이 많아질 것이다. 물론 이런 결과는 당신이 의도한 바와 다를 수 있다. 당신에게 주의가 지나치게 집중되는 것을 원하지 않을 테니까.

그러나 이 또한 긍정적으로 볼 수 있다. 이제부터 당신은 사람들이 과소평가할 수 없는 사람이 된 것이다. 그리고 이 말은, 당신이 앞으로도 계속 겸손할 수 있음을 의미한다. 과장하지 않고, 뒤로 한 발짝 물러나 다른 사람에게 양보할 수 있다는 뜻이다.

당신을 주목하는 시선이 많아졌을지라도 당신에게 문제될 건 없다. 당신은 다른 사람의 시선에 속박되지 않을 테니 말이다. 당신은 아무 일도 없었던 듯 원래의 당신 모습 그대로 자유롭게 할 일을 할 것이다. 이 역시 타인의 시선에 일희일비하며 성공을 향해 내달리는 사람보다 당신이 앞선 점이다. 그들은 언제 닿을지 모를 최고의 자리에 가서야 비로소 편안해질 자유를 얻을 수 있을 테니 말이다.

성공했다는 그들의 인격은 왜 그 모양일까?

솔직히 말해 나는 성공이 그렇게 대단한 일인지 모르겠다. 물론 성공하지 못하는 것보다 성공하는 게 분명 더 좋긴 하겠지만, 성공은 몇 가지 심각한 단점 혹은 부작용을 유발한다.

우선, 물질적 성공은 사람의 인격에 그다지 긍정적인 작용을 하지 않는 경우가 많다. 만일 누군가가 '아니야, 우리 사장은 큰 성공을 이뤘지만 훌륭한 사람이야'라고 반박한다면? 물론 그럴 수도 있다. 하지만 '누구 덕에 밥을 먹느냐'가 달린 문제이니 사장을 위한 아부일 수도 있지 않나. 그게 아니더라도, 보통 어떤 사람의 '팬'이 되면 그 사람의 불편한 특징이 몇 가지 나타나도 두 눈을 감아버리게 되는 경향도 있고 말이다.

어쨌거나, 왜 성공한 사람이 자신의 인격은 챙기지 못하는 경우가 많을까? 최고의 자리에 오르려면 특정 기질이 필요한 측면이 있다. 특히 돈에 관련된 일이라면 가혹할 정도로 독하지 않고서는 힘들다. 위로 올라가려면 내

위에 있는 상대들과 권투를 하듯 싸워서 이겨야 한다. 인간관계가 좋은 사람에게 사장 자리에 앉아 달라고 친절하게 부탁하는 일은 없다.

관리자의 위치에 있는 사람들이 다른 사람을 괴롭히고 갑질하는 경우가 실제로도 왕왕 발생한다. 물론 그런 경우는 결국 큰 문제로 불거진다. 그러나 애석하게도 세상은 그렇게 돌아간다. 성공하려는 자는 다른 사람을 제치고 앞으로 나가는 일에 집중한다. 어떤 무기든 사용할 의지가 있다. 주변 사람에 대한 배려는 점점 줄어든다. 주변의 요구를 무시하고, 자신의 이익을 위해 규칙을 이용하며, 그렇게 행동해도 문제가 안 된다고 느끼기도 한다.

성공이 사람을 변하게 하는 것은 아니다.
성공은 그 사람의 정체를 폭로한다.

_ 막스 프리쉬(Max Frisch), 스위스의 극작가

스탠포드 비즈니스스쿨의 사회심리학 교수 데보라 그루엔펠드(Deborah Gruenfeld)가 진행한 일련의 실험 결

과에 따르면, 실험 대상자들은 더 많은 권력을 갖게 되거나 다른 사람들보다 자신이 우월하다고 느낄 때 주변 사람들을 신경 쓰지 않았다. 예의를 다하지 않았고, 타인을 도울 의사도 없어 보였다.

캘리포니아 대학의 심리학 교수인 폴 피프(Paul Piff)와 대처 켈트너(Dacher Keltner), 그리고 노스이스턴 대학의 심리학 교수인 데이비드 데스테노(David DeSteno)도 비슷한 실험과 연구를 했는데, 더 심각한 결과를 발표했다. 막강한 위치에 오를수록 다른 사람을 끌어들이고, 거짓말하고, 속이는 데 거리낌이 없어진다는 것이다.

몇 가지 실험 내용을 소개하자면 이렇다. 폴 피프 연구팀은 교차로에서 어떤 차들이 정지 표지판을 무시하고 연구팀이 준비한 차량을 앞질러 가는지 관찰했다. 결과는 더 비싼 자동차를 모는 운전자들이 다른 운전자에 비해 세 배나 더 많이 신호를 위반했다.

그리고 또 다른 실험. 한 실험실에 참가자들이 모였다. 준비된 테스트를 막 마친 참가자들이 질문지에 빈칸을 채워 넣는 일만 남아 있었다. 이때 실험실 바깥에서 아이들의 목소리가 들려왔고, 실험 담당자는 곧 그 아이들이 들어와서 다른 실험을 하게 될 거라고 말했다. 그리고는 테이블 위에 과자가 가득 담긴 유리그릇을 올려놓으며 아이들을 위해 준비했다는 말도 했다. 이후 담당자는 아이들을 한번 살펴보겠다고 하며 밖으로 나갔는데, 이는 실험 참가자들의 다음 행동을 관찰하기 위한 트릭이었다. 담당자가 그 자리를 뜬 순간, 실험 참가자들 중 상당수는 유리그릇 안에 담긴 과자봉지들을 슬쩍 챙겼다. 그리고 그들 중 3분의 2 이상은 사회적 부와 지위가 다른 사람들보다 월등히 높은 사람들이었다.

'성공해서 사회적 높은 위치에 오른 사람들은 나쁘다'는 말을 하려는 게 아니다. 심리학자들이 발견한 것은 자연의 법칙이 아니라 하나의 경향일 뿐이다. 그리고 이 경향은 어떤 사람이 얼마나 성공을 했느냐 혹은 얼마나 재산이 많으냐에 좌우되지 않으며, 그 상황에서 자신을 어떻게 평가하느냐에 달려 있다.

심리학자들에 따르면, 실험에 참가한 이들 중 절반 정

도는 '다른 사람들보다 내가 더 우월하다'라고 믿었다. 그리고 나머지 절반은 스스로를 열등하다고 생각했다. 전자도 그렇게 만족감이 크지 않았고, 후자는 이미 만족할 수 없는 상태였다. 이에 대해 심리학자들은 다음과 같이 설명했다. 자신이 높은 위치에 있다고 믿는 사람은 다른 사람을 신경 쓰지 않아도 된다고 생각하고, 다른 사람을 믿지도 않는다. 반대로 사회적으로 낮은 위치에 있다고 믿는 사람은 신경을 바짝 곤두세운다. 그들은 다른 사람이 무슨 생각을 하며 또 무엇을 원하는지에 관심이 많다. 자신이 성공하려면 그런 것들을 반드시 알아야 한다고 생각하기 때문이다.

이런 점에서 겸손한 태도는 매우 중요하다. 겸손은 허공이 아니라 현실에 발을 붙인 채 스스로 중심을 잡고 단단히 서 있으려는 노력이다. 겸손은 성공을 큰 소리로 떠들지 않는 것이며 성공에 함몰되는 부류에 속하고 싶어하지 않는 것이다. 성공을 위해서는 다른 사람을 배려하고 그들이 필요하다는 걸 인정하는 것도 중요하다. 스스로 앞으로 나아가기 위해 다른 사람들을 지원해야 하는 것이다. 다른 사람 위에 두드러지게 솟아 있는 것도, 위에 올라서기 위해 두드러지는 것도 좋지 않다.

성공이라는 착각, 이를 초월한 겸손

성공의 또 다른 단점은 '착각'에 관한 것이다. 성공하면 그 이유가 자신에게 있다고 생각하는 것, 반대로 실패하면 그 원인이 자기 때문은 아니라고 생각하는 것이다. 다시 말해 성공은 내가 대단해서 스스로의 힘으로 이룬 것이지만, 실패는 나를 곤경에 빠트린 다른 사람 혹은 나쁜 운 때문에 그런 거라고 말이다. 성공할수록 이런 경향이 두드러진다. 성공이 자신을 과대평가하게 만들고 눈을 멀게 하는 것이다. 자기 자신에 대해 아주 잘 알고 있다고 생각하기 때문에 남들이 자신에게 다른 말을 할 이유가 없다고 믿는다.

이런 착각은 심지어 자신이 성공한 영역을 넘어 다른

영역까지 침범한다. 직업적으로 성공을 거둔 것일 뿐인데, 정치적인 문제를 어떻게 해결해야 하는지, 사람들이 아이들을 어떻게 교육해야 하는지에 대해서도 잘 안다고 생각한다. 더 끔찍한 것은, 그 이야기를 듣고 있는 사람도 그 말을 매우 진지하게 받아들인다는 사실이다. 그럴수록 그의 자신감은 더 높아질 수밖에 없다.

오랫동안 남보다 높은 자리에 있으면서 그들은 자신의 성공을 무효화시키는 행동도 강화한다. 지속적인 성공은 자기만족에 빠지게 하며, 태만하게 만든다. 점점 재미도 느끼지 못한다. 성공의 열매는 지루해지고 아무런 맛이 없어진다. 그들은 절반만 깨어 있는 정신으로 똑같은 일을 해치우고, 자신을 둘러싸고 있는 세상이 어떻게 변하는지를 대략적으로만 감지할 뿐이다.

이렇게 성공의 보상을 스스로 상실하지 않으려면, 긍정적인 일은 가슴에 잘 간직하고, 부정적인 일은 태연하게 대할 필요가 있다. 이때 가장 효과적인 수단이 바로 겸손이다. 겸손에 정통한 사람은 성취를 즐기지만, 성공을 이루는 순간에는 즉시 반대 조치를 취한다. 과대평가하지 않고, 소박하게 행동하며, 두드러지는 모든 것들과 거리를 둔다.

이건 성공을 끌어내리는 일이 결코 아니다. 오히려 성공의 의미를 더 현명하게 음미하는 일이다. 완벽을 내세우지 않아도 성공할 수 있음을 마음으로 받아들일 수 있다면 그 기쁨의 크기는 결코 작지 않다. 그런 겸손한 마음은 '나는 운이 좋았고, 아주 많은 도움을 받았다'는 생각으로 이어진다. 나의 성공에 기여한 다른 사람을 존중해 주는 것 말이다. 그렇다. 성공은 혼자의 것이 아니다. 함께 기뻐할 수 있는 마음, 그게 진짜 성공이다.

영화 감독 도리스 되리(Doris Dörrie)는 1982년 첫 장편 데뷔작 《마음의 중심에서(Straight Through the Heart)》로 인상적인 데뷔를 했고, 30세가 되던 1985년에 《남자들(Men)》이란 코미디 영화로 독일 박스오피스를 점령하며 놀라운 성공을 이뤘다. 매거진 《슈피겔》은 그녀에 관한 기사를 대대적으로 실으며 "독일에서 가장 성공한 여성 감독"이라고 칭했다.

그녀는 지금까지도 그 위치를 지켜가고 있는 흔치 않는 인물이다. 그런데 가장 인상적인 것은 그녀가 보여주는 행보다. 그녀는 자신이 이룬 성공에 스스로를 가두지 않고, 아무 일도 일어나지 않은 듯 다양한 활동들을 꾸준히, 그리고 담담히 해왔다. 오페라를 연출하기도 했고, 책을 쓰기도 했다. 할리우드로 향할 수도 있었지만, 그녀는 독일에서의 일상을 지켰다.

그녀는 커피숍에 앉아서 사람들을 관찰하는 일을 즐거워한다. 그렇게 있어도 다른 사람들 눈에 띄지 않는다. 또한 스타들이 다니는 헤어숍보다 작은 동네 미용실에 가는 걸 더 좋아한다. 그게 그녀에게 더 흥미롭기 때문이다.

그녀는 뒤에 머물러 있지만 매우 생산적으로 활동한다. 그녀가 손대는 아주 다양한 일은 늘 훌륭한 성과를 거둔다. 그러나 그녀는 언제나 발을 땅에 단단히 붙이고 있다. 한 인터뷰에서 그녀는 이렇게 말했다.

"초연이 끝나고 집에 돌아와서 내가 가장 먼저 하는 일은, 화장실에 화장지가 떨어졌나 확인하는 거예요. 없다는 걸 발견하면 화장지를 사러 나가고요. 나는 그냥 아내이고 어머니이니까요."

겸손은 이렇게 안정적인 작용을 한다. 발을 땅에 딛고 있는 사람은 허공에 떠서 내달리는 성공지상주의자들이 누리지 못하는 일상을 소박하고 평화롭게 거닐며 살아간다. 그러니 사다리 위를 너무 성급히 오르려 애쓰다 소박하게 빛나는 당신의 모습을 잃지 않기를 바란다.

내가 원하는 딱 그만큼의 성공

'과소평가 받는 즐거움'은 주변 사람들에게 기대하지 않던 성과를 보여줘서 놀라게 하는 데만 한정되지 않는다. 과소평가는 '지속 가능성'의 관점에서도 매우 유효하다.

모든 사람이 최고로 높은 자리에 올라가는 것을 원하는 것은 아니다. 돈이 윙크를 하고, 권력이라는 무기가 준비돼 있고, 비싸고 쾌적한 회사 차가 기다리고 있는, 그런 자리를 갖고 싶어 하는 이들도 있을 것이다. 그러나 나는 그런 이들이 다수는 아닐 거라고 주장하고 싶다. 그런 종류의 사람들은 세대가 거듭될수록 분명하게 줄어들 것이다.

높은 보수는 여러 면에서 당신의 인생에 쾌적함을 주 겠지만, 불행하게도 그만큼 많은 것들이 당신에게 요구되 기 마련이다. 어느 정도까지는 특별한 문제가 없을 수 있 다. 하지만 결국 시간이 흐르면 상황이 바뀌고, 그다지 즐 거움을 느끼지 못하는 위치에 올라가게 된다.

그 자리에서 당신이 새롭게 달성해야 할 과제들은 지 루하거나 난감하거나 무의미한 일일지도 모른다. 에너지 를 고갈시켜서 완전히 진이 빠지게 만드는 상황이 이어질 수도 있다. 해결책이 없는 문제들 속에서 관리자의 임무 를 떠맡은 당신은 이제 당신이 잘하던 일이 아니라 다른 일로 평가받아야 한다. 마치 잘 달리던 승마용 말이 그 실 력을 인정받고 올라간 곳이 농사를 지어야 하는 논이 된 것처럼 말이다. 이런 성공이 과연 의미가 있는 것일까?

이와는 다른 삶도 있다. 자신이 원하는 만큼 직업적 성취를 이루고, 그 위치에서 만족감을 느끼는 사람 말이 다. 특별히 소란을 떨지 않고서도 그는 자신이 맡은 일을 잘 해낸다. 과도하게 애쓰지 않고, 에너지를 모두 소진하지도 않는다. 그저 뒤로 물러서 있으면서 다른 이의 삶이 앞에 나서는 것을 돕는다.

나와 함께 일하는 동료 중에 이런 사람이 있었다. 그는 자신의 일에 정통했고, 삶의 지혜가 풍부했다. 사람들에게 친절했고, 계산적이지도 않았다. 그래서 사람들은 그를 편안하게 대할 수 있었고, 일과 관련된 솔직한 얘기도 털어놓을 수 있었다. 그래서 그는 누구보다 사람들로부터 다양한 정보와 힌트를 얻기도 했다.

이런 위치는 아주 중요하다. 사람들은 점점 더 그를 신뢰한다. 물론 그의 도움을 얻으면서도 정작 자신은 그를 위해 아무 일도 하지 않는 계산적인 사람도 있다. 그런 사람은 '나는 누구와 동맹을 맺어야 하지? 누구를 이겨야 하는 거지? 누구의 마음에 들게 행동해야 하나? 누구를 가차 없이 제외시키는 게 좋지?'에 골몰할 뿐 다른 건 관심이 없다. 항상 레이더를 켜고 사람들이 자신을 밀어내지 않게 감시하면서 출세를 꿈꾸느라 바쁠 뿐이다.

누가 그러거나 말거나, 조용히 자신의 자리를 지키는

그의 자세는 충분히 의미가 있다. 그를 두고 안일하다거나 게으르다고 간주하는 것은 분명한 오류다. 그는 자신의 에너지를 소진시키지 않으면서도 독자적인 탁월함을 유지하고 있으니까. 이런 능력이야말로 높은 지위에 있는 사람들에게 중요한 자세 아닌가? 자신을 소모하는 삶에 탁월함 같은 것은 있을 수 없다.

신뢰를 만드는 두 개의 기둥

당신은 얼마만큼 신뢰할 수 있는 사람인가? 이는 인생에서 굉장히 중요한 질문 가운데 하나다. 사람들이 당신의 신뢰성을 의심하게 되는 순간, 모든 게 바뀔 수 있다. 지금까지 당신을 중요하게 여겼던 사람들이 등을 돌릴 수도 있다. 당신에게 맡겨졌던 과제들도 더 이상 당신에게 들어오지 않는다. 반대로, 당신이 신뢰할 수 있는 사람으로서 굳건하면 소중한 보물을 얻게 된다. 주변 사람들과 훨씬 더 강력하게 연결되는 것이다.

신뢰란 매우 복잡한 주제다. 누군가가 당신을 신뢰하느냐는 여러 요인에 의해 좌우된다. 벌어진 상황, 문제 그 자체, 그리고 그에 얽힌 사람들에 따라 달라질 수 있다. 당신이 매우 신뢰할 만한 사람이라고 해도 모두가 당신을 신뢰하지는 않는다. 당신을 신뢰하는 사람도 모든 일에서 항상 그런 것은 아니다.

신뢰는 항상 두 개의 기둥을 바탕으로 한다. 바로 정직과 능력이다. 정직이란 마음에 거짓이나 꾸밈이 없으며 다른 사람을 악용하지 않는다는 것을 의미한다. 다른 이들에 대해 좋게 생각하며, 그들의 관심사를 존중한다는 뜻이다. 이런 호의를 보여주지 않는 사람은 신뢰를 덜 받을 수밖에 없다. 그러나 정직만으로는 충분하지 않다. 여기에 능력이 보태져야 하는 것이다.

만일 내가 당신을 신뢰한다면, 당신은 내가 기대하는 일을 할 수 있어야 한다. 나는 당신이 그 일을 할 수 있다고 믿기 때문이다. 그러나 모든 일에 만능인 사람은 없으므로 당신이 신뢰받을 수 없는 분야도 있다. 그런데 누군가가 다가와서, 당신이 다룰 수 없는 일에 대해 당신을 신뢰한다고 한다면, 그를 설득해야 한다. 필요하다면 그가 신뢰를 철회하도록 말이다. 그래야 당신의 진짜 신뢰성이 유지될 수 있다.

정직하고 능력 있는 사람으로 보일 수 있는 적절한 방법이 있다. 바로 겸손해지는 것이다. 사람들은 나서는 사람보다 겸손한 사람을 더 믿는다. 자신이 모든 걸 해결할 수 있고, 모든 게 아무런 문제가 없다고 큰소리치는 사람은 오히려 의심을 사기 쉽다. 그런 사람이 보여주는 것은 신뢰가 아니라 인정받고자 하는 욕구다. 정직한 호의를 발산하는 것이 아니다.

사람들은 자기 자신을 낮추는 태도로 자신의 단점을 말하고 경쟁자를 칭찬하는 사람을 더 믿을 만하다고 여긴다. 앞서 언급했던 핸디캡의 원칙에 따라, 자신의 능력을 믿기 때문에 그런 말도 할 수 있다고 생각하게 되는 것이다. 이와 관련해 사회심리학자 로버트 치알디니(Robert Cialdini)는 "자신이 하는 일에 대한 반박은 자신의 위치를 더 강화시켜준다"고 말한다.

자신의 상처나 흠을 진솔하게 보여주는 것도 비슷한

맥락에서 신뢰를 쌓는 방법이 된다. 완벽한 사람은 없다. 그래서 흠이 없어 보이는 사람은 오히려 선뜻 신뢰가 가지 않는다. 반대로, 자신의 상처 입은 내면을 볼 수 있게 허락한 사람들은 인간적이고 공감이 가는 사람으로 느껴진다. 그래서 더 신뢰할 수 있는 사람이라고 생각하게 되는 것이다.

신뢰를 얻는 방법에 뭔가 대단한 비밀이 숨어 있는 것이 아니다. 그저 잘난 체하는 태도를 버리고, 자신의 실수를 인정하며 자연스럽게 자신을 보여주는 것으로도 충분하다. 그렇게 하면 신뢰를 얻을 수 있다.

가짜 겸손, 진짜 겸손

미국의 코미디언이자 작가인 해리스 위틀스(Harris Wittels)가 만든 '험블브래그(Humblebrag, 겸손을 뜻하는 humble과 자랑을 뜻하는 brag를 합친 단어로, 겸손한 척하면서 은근히 자랑하는 것을 의미한다)'라는 말이 있다. 트위터, 페이

스북, 인스타그램과 같은 SNS에는 이런 유형의 글이 넘쳐
난다.

"타고 있던 택시의 라디오에서 우리 노래가 흘러나왔
다. 완전 불편한 상황이었음."

북아일랜드 밴드 '투 도어 시네마 클럽(Two Door
Cinema Club)'의 멤버가 트위터에 올린 글이다. 다른 뮤지
션에게는 희망사항일 수 있는 일을 그는 '완전 불편'이라
고 표현했다. 그가 전달하고자 하는 뜻은 이렇다.

'대단한 일을 해냈음.'

이런 '겸손 떠벌리기'에는 어떤 의도가 숨어 있을까?
인정받고자 하는 욕구다. 우리 모두에게는 어느 정도 인
정받고자 하는 욕구가 있다. 뭔가를 해내고, 인상적인 경
험을 했다면, 다른 사람들에게 전달하고 싶어 한다. 그럼
으로써 자신의 가치를 보여주고자 하는 것이다.

'세상에, 수잔이 별 다섯 개짜리 호텔에 앉아 있네. 사
업이 엄청 잘되나 봐.' 인스타그램에 올라온 수잔의 사진
을 보며 팔로워들은 이렇게 생각한다. 그리고 바로 그런
이유로 수잔은 이를 "사회적 지위를 알리는 소식"이라고

칭하는 것이리라. 그러나 그녀의 이러한 방식은 겸손해 보이기에는 너무 서투르다. 자신에 관한 소식을 알림처럼 페이스북에 올리는 이런 유형들처럼 말이다.

"벌써 세 번째로 최고에 오름."

"10일 만에 7킬로그램 감량."

"내 세미나는 또 수강생들로 가득 참."

누가 이런 사실을 알고 싶어 하겠는가? 물론 수잔은 자신의 팔로워들로부터 좋은 인상을 받고자 하는 의도였을 것이다. 그가 올린 글의 '버전 1'은 이런 유형이다. "나는 기쁘다. 그래서 내 기쁨을 너희들과 함께 공유하고 싶다"는 것. 그럼 몇몇 사람들은 이에 동참해 '좋아요'를 누르는 친절한 사람이 된다. 그리하여 그들이 나중에 자신의 성공을 전했을 때, 수잔은 '좋아요'를 눌러줄 것이다. '버전 2'는 그냥 곧장 자기 사연을 쏟아내는 유형이다. 뭔가 화나는 일 혹은 당혹스러운 경험을 털어놓으며 관심을 끄는 것이다.

'겸손 떠벌리기'는 이 두 가지 유형이 조합된 경우라고 할 수 있다. 자신의 상황을 낮추면서 겸손해 보이고자 하는 헛된 희망을 품고서 말이다. 하지만 실제로는 그렇게 되지 못한다. 겸손을 떠벌리는 것이 오히려 단순한 허풍보다 훨씬 더 부정적으로 들릴 수 있기 때문이다. 심지어 이에 관한 학문적인 증거도 있다.

하버드대 심리학 교수 마이클 노턴(Michael Norton), 프란체스카 지노(Francesca Gino), 오뷸 세저(Ovul Sezer)는 다섯 번에 걸친 실험을 통해 참가자들에게 다양한 유형의 글을 보여주고 각각의 글을 쓴 사람에 대해 어떻게 평가하는지를 조사했다.

이에 따르면, 화가 나는 일에 대해 알리며 불평을 터뜨리는 사람은 동정심을 받는다. 허풍은 받아들일 수 있지만, 겸손함을 떠벌리는 행동은 거부했고 심지어 경멸에 가까운 평을 하기도 했다. 특히 사람들이 쉽게 얻을 수 없는 성과를 이룬 일에 대해 불평을 터뜨리면 상당히 거만하다고 느꼈다. 이를테면 이런 유형들이다.

"벌써 세 번째로 최고의 자리에 오름. 그러자 인터뷰에서 많은 질문이 쏟아짐. 아, 지겨워!"

"10일 만에 7킬로그램을 감량했음. 내 옷들을 전부

새로 장만해야 함. 그런데 그렇게 할 시간이 전혀 없을 만큼 바쁨."

"내 세미나는 또 수강생들로 가득 참. 수강료를 올렸는데도 말이야. 나는 이렇게 북적대는 강의가 싫은데."

좋은 인상을 주고 싶다면 겸손한 척 떠벌리는 행동은 절대 하지 말아야 한다고 하버드의 심리학자들은 충고한다.

경험이 많고 노련한 코미디언 해리스 위틀스(Harris Wittels)는 겸손을 떠벌리는 사례들을 수집해 책을 냈다. 다양하게 쏟아지는 사례들을 읽어보면 꽤 재미가 있다. 거드름을 피우는 사람들의 허영심과 속물근성을 발견하고 낄낄 웃게 되는 것이다. 해리스가 이 책에 붙인 부제는 '잘못된 겸손의 기술'이다.

겸손을 떠벌리는 행동은 왜 겸손함이 되지 못할까? 자신의 성공을 인상적으로 만들기 위해 겸손이 동원되었기 때문이다. 그러나 진짜 겸손은 처음부터 끝까지 소박하게 절제하고 그 겸손이 효과를 발휘하기까지 조용히 기다리는 것이다.

'잠깐, 그것도 결국은 세련된 형태로 표현된 우월함 아니야?'라고 반문할 수도 있을 것이다. 맞다. 확실한 건 없다. 겸손 떠벌리기와 겸손함은 어쩌면 종이 한 장 차이다. 어떤 사람에게는 겸손으로 보여도, 또 다른 사람에게는 '겸손 떠벌리기'로 비칠 수 있다.

그래도 진정한 의미에서의 겸손은 두 가지 측면에서 분명히 알아볼 수 있을 거라고 생각한다. '남을 존중하는 마음' 그리고 '자신을 낮추는 태도'. 이 두 가지를 담고 있지 못한 표현이라면 그건 겸손이 아니라 기만일 것이다. 소설가 프리드리히 토어베르크(Friedrich Torberg)의 책 『욜레슈 아주머니 혹은 일화로 보는 서양의 몰락』을 보면 여주인공이 매우 똑똑한 말을 뱉는 대목이 나오는데, 겸손을 떠벌리는 누군가에게 해주고 싶은 말이다. 그리고 이 장을 끝맺기에도 참 적합해 보인다.

"그렇게 겸손하게 굴지 마. 당신은 그렇게 훌륭한 사람이 아니거든."

"스스로 높이 올라간 사람은 누구든 내려가게 된다.

그리고 스스로 낮추는 사람은 높이 올라가게 되느니."

_ 누가복음 18장 14절

"누가복음 18장 14절을 조금 더 수정하면 이러하다.

스스로 낮추는 사람은 높아지고자 한다."

_ 프리트리히 니체, 『인간적인, 너무나 인간적인』에서

강해 보이려고,
능력 있어 보이려고,
당신의 에너지를 낭비하지 마라
과장된 포장은
결국 벗겨지기 마련이다

그저 단단한 땅 위에서
당신이 가진 보폭과
당신의 속도대로 걸어가기를 응원한다

5

회사생활에 무기가 되는
겸손함에 대하여

어쩌면 당신도 이런 말을 들어봤을 것이다. "직장에서 인정받으려면 겸손하면 안 되는 거야."

너를 각인시키려면 이른바 '포지셔닝'을 잘해야 하고, 너의 가장 멋진 면을 보여주면서 너에게 주의를 집중시켜야 한다고 말이다. 그저 뒤에 조용히 머물면서 겸손하기만 해서는 아무도 알아봐 주지 않을뿐더러 심지어 너를 실컷 이용하기만 할 수 있다고 말이다. 그러니 "내가 잘해낼 수 있다"고 나설 수 있어야 하고, 필요한 게 있으면 당당히 요구도 해야 한다는 것이다.

맞다. 그것도 전혀 틀린 말은 아니다. 남을 배려하기보다는 결정적인 순간에 자신을 앞세우는 냉철함으로 출세하는 사람이 실제로 꽤 많으니까. 이런 현실을 입증해주는 연구도 많이 있다. 높은 직위에 있는 사람들은 평균 이상으로 자아도취에 빠져 있는 경우가 많다는 것이다. 즉, 자신이 잘났다고 생각하며 자신이 가진 장점이 최고라고 간주하는 경향이 있다는 이야기다.

이들은 자신이 결정을 내리고자 하고, 1등이 되어 인정받으려고 한다. 다른 사람의 견해와 바람 따위는 오직 다음과 같은 상황에서만 고려된다. '나에게 어떤 이득을 가져올까? 그가 나에게 더 많은 돈, 더 많은 명성, 더 많은 재미를 가져다줄까? 아니라고?' 그러면 그들은 다른 사람들에게서 관심을 거둔다.

그와 같은 과도한 인정 욕구는 그들을 움직이게 하고, 경쟁자를 추월하게 만드는 원동력으로 작용한다. 이런 이들에게 자신에 대한 의심은 낯선 것이다. 그들을 멈추고

자 하는 사람은 소견이 좁고, 딴지를 걸며, 망설이는 사람일 뿐이다.

관리자들은 약간 자기도취적이어야 좋다는 주장도 있다. 관리자는 일을 추진해야 하고, 결정을 관철시켜야 하며, 반대를 이겨내야 하기 때문에 그렇다고 말이다. 그래야 에너지와 의지력으로, 그 열정과 카리스마로 사람들을 매혹시킬 수 있다고 이야기한다.

가령 애플을 만든 스티브 잡스를 생각해 보자. 직원들의 말에 따르면, 그는 어느 날에는 직원들을 천재라고 치켜세웠다가 다음 날이면 완전히 바보 취급을 했다고 한다. 또 누군가가 잡스에게 새로운 제안을 했을 때, 엉터리 같은 제안이라고 평했는데 몇 주 후에는 그 제안을 자신의 아이디어인 것처럼 얘기한 적도 있다고 한다. 컴퓨터 잡지에 대한 자신의 열정에 동참하지 않는다는 이유로 직원을 해고한 적도 있는가 하면, 레스토랑에서 나온 음식이 자기가 상상했던 모습과 다르다는 이유로 먹지도 않고 치우라고 한 적도 있다.

스티브 잡스가 대단한 성과를 이루고 업적을 남긴 인물임은 맞지만, 그의 성격이 유쾌한가 하는 문제에는 의문이 남는다.

당신은 어떤지 모르겠지만 나는 자기도취자를 상사로 모시고 싶지 않다. 그들이 어떤 미래상을 갖고 있든 무관하게 말이다. 나는 존중받고 싶은 존재이지 게임에 등장하는 캐릭터이고 싶지 않다. 나는 자신이 이끌고 나가야 하는 직원들의 존엄성을 무시하는 사람을 좋은 관리자라고 인정할 수가 없다. 카리스마가 아무리 넘친다고 해도 말이다.

훌륭한 리더란 직원들의 능력과 재능을 키워주고, 자신의 경험과 지식을 활용하되 직원들의 말을 경청할 줄 안다. 그리고 직원들이 활짝 꽃을 피울 수 있도록 힘써준다. 자기도취자는 절대 할 수 없는 행동들이다. 당연히 겸손한 태도가 여기에서 중요한 역할을 한다. 직원들의 능력과 재능에 다가가려면, 관리자는 약간 물러나 있어야 하기 때문이다.

더닝 크루거 효과

"문제없습니다, 우리는 당연히 해결할 수 있어요."

사장은 직원들이 이렇게 말해주기를 원한다. 만약 "좀 더 생각해 봐야 할 것 같다"라는 식으로 이야기한다면 능력을 의심받기 십상이다. 해낼 거라고 생각해야 그렇게 되는 거지, 그런 방식으로 접근해선 아무것도 안된다는 타박이 이어진다. 설령 일이 쉽게 풀리지 않을 거라고 생각하더라도 그렇게 말하지 말라는 조언도 뒤따른다. 그러나 '일이 잘될 것이라는 확신'과 '실제의 성공' 사이에 직접적인 연관성은 없다. 오히려 '호언장담하는 사람은 사실 아는 게 거의 없다'라는 결과를 도출한 연구만 있을 뿐이다.

코넬 대학의 심리학자 저스틴 크루거(Justin Kruger)와 데이비드 더닝(David Dunning)은 코넬 대학의 학생들을 대상으로 다양한 테스트를 진행했다. 언어적인 능력, 논리적 결론을 내릴 줄 아는 능력, 그리고 유머를 구사하는 감각에 대한 테스트까지. 세 번째 테스트는 좀 궁금하지 않는가?

사실 유머란 꽤 고차원적인 능력이다. 유머를 구사하려면 이야기를 할 줄 아는 재주와 독창성뿐 아니라 공감능력도 필요하기 때문이다. 세 번째 테스트에서 낮은 성적을 받은 사람들이 특별히 더 진지한 것은 아니었다. 그들 대부분은 유머 감각이 부족했지만 스스로는 자신이 유머가 있다고 생각하는 부류였다.

세 가지 테스트에서 결과는 모두 동일하게 나왔다. 나쁜 성적이 나온 사람일수록 자신의 능력을 훨씬 과대평가했다는 점이다. 가장 형편없는 사람들이 자신을 최고라고 간주한다는 뜻은 아니다. 자신에 대한 평가와 실제 능력 사이의 차이가 가장 뚜렷하다는 의미이다. 이와 반대로 테스트에서 성적이 잘 나온 사람은 자신의 능력을 과소평가하는 경향이 다분했다.

세 테스트의 성적이 나쁜 사람들은 다른 사람이 자신보다 더 나은 능력을 가졌다고 생각하지 않았으며, 자신이 얼마나 나쁜 결과를 냈는지도 전혀 모르고 있었다. 이처럼 능력이 없는 사람이 잘못된 결정을 내려 부정적인 결과가 나타나도 능력이 없어 스스로의 오류를 알지 못하는 현상을 심리학에서는 '더닝 크루거 효과(Dunning - Kruger effect)'라고 부른다.

자신의 성과에 대한 평가를 내릴 때만 이런 효과가 나타나는 게 아니다. 직원들을 업무에 의미 있게 투입하고자 하는 관리자의 경우에도 이런 현상이 비일비재하게 나타난다.

"자네들은 무조건 잘 해낼 거야!"라고 가정하는 상관들의 관리 능력은 평균 이하에 속한다고 추측할 수 있다. 만일 당신이 상관이라면, 누구에게 어떤 과제를 믿고 맡길 것인지, 당신이 직원들에게 과도하게 요구하는 것은 아닌지, 누구에게 재량권을 줄 수 있는지를 알아야만 한다. 당신은 직원들을 올바르게 평가할 수 있어야 하며, 그들에게 부여하는 과제들도 정확하게 평가할 수 있어야 한다. 이는 당신이 쌓은 경험과 리더십과 매우 밀접하며 권력 의식이나 카리스마와는 그다지 상관이 없다.

'지위 게임'과 '지배 신호'

두 사람이 함께 어떤 일을 진행할 때, 보통은 한 사람이 결정을 내리고, 다른 사람은 그 결정을 따라가는 경우가 많다. 이런 일은 너무나 미묘하게 일어나서 우리 자신조차 의식하지 못할 때도 있다.

사람들은 자신의 지위를 드러내는 신호를 자동적으로 발산한다. 만일 누군가가 당신보다 지위가 높다는 신호를 인식한다면, 당신은 자연스럽게 그 사람 밑으로 들어간다. 또는 당신이 더 높다는 신호를 보냄으로써 그를 능가하려고 할 수도 있다. 어떤 경우에는 두 사람 모두 결정자가 되지 않고 서로에게 주도권을 넘기려는 신호를 보낼 수도 있다. 누가 주도하고 누가 그 뒤를 따르는지는 각자 처한 상황이나 이득에 따라 뒤바뀌기도 한다.

이처럼 우리는 저마다 자신의 위치를 알리는 신호를 교환한다. 사회적 지위를 둘러싼 게임이 이뤄지는 것이다. 이를 게임이라고 표현한 까닭은, 여기에 특정 규칙이 존재하며 상황에 따라 각자 어떤 선택을 취하거나 포기하며 대응할 수 있기 때문이다. 자신의 위치나 지위를 바꿀 수 없는 것이 아니라 스스로 선택할 수 있는 것으로 파악한다면 그 지위 게임 역시 자신에게 도움이 될 수 있다고 보는 것이다.

자신이 우세하다는 것을 드러내는 이른바 '지배 신호'에는 어떤 것들이 있을까? 몸짓으로 우월감을 한껏 발산할 수도 있고, 상대에게 말로 지시를 내릴 수도 있다. 상대와 악수를 하면서 일부러 손을 더 꽉 움켜잡는 것도 그런 신호에 속한다. 상대가 말하는 중간에 끼어들거나 상대의 말을 경청하지 않는 모습을 의도적으로 보여주는 불친절한 신호도 있다. 이를테면 상대가 말하는 동안 스마트폰만 쳐다보거나 이마를 찌푸리는 표정을 짓거나 아예 몸을 돌려버리는 모습 말이다.

이런 불친절한 지배 신호를 좋아하는 사람은 없다. 이 사실은 그 신호를 보내는 사람도 모르지 않을 것이다. 그럼에도 그런 신호를 내비치는 데에는 본인이 의식하든, 그렇지 않든 상대를 이기고 싶은 심리가 작동하기 때문이다. 이런 신호를 상대가 인지했다면, 상대도 그에 대응할 것이다. 그 신호가 자신에게 전혀 적합하지 않다고 여긴다면 맞서고, 자신이 따라야 하는 신호로 받아들이면 종속된다.

　때때로 지배 신호가 필요하거나 유용할 때도 있다. 그 신호가 과하지 않고 적당하다는 전제에서 말이다. 예를 들어, 어떤 남자 직원이 여자라는 이유로 상사를 대놓고 무시하는 신호를 발산한다면? 상사인 그녀가 이를 묵인하거나 받아주면 그건 그 직원에게 종속되는 것과 마찬가지다.

　그런 상황이 반복된다면 그녀는 그 남자 직원만이 아니라 다른 직원으로부터의 권위도 잃게 된다. 이는 그녀의 위치를 위험에 빠트릴뿐더러 관리자로서 일을 수행하는 것도 힘들게 만든다. 때문에 그녀는 자신의 위치를 그에게 분명하게 알려주는 신호를 보여줄 필요가 생긴다. 상대를 존중하지 않는 그의 태도가 어떤 결과를 가져올지, 상사라는 위치가 가진 지배 신호를 적절히 활용해야 하는 것이다.

지배 신호가 꼭 상대에게 위협적이거나 치명적인 것은 아니다. 지위를 둘러싼 게임에서도 겸손한 태도는 전혀 다르게 작동된다. 겸손한 사람은 과대평가를 일삼는 게임을 하지 않으며, 오히려 과소평가라는 신호를 즐겨 쓴다. 즉, 상대가 주도할지, 종속될지의 결정을 상대에게 맡기는 것이다. 그런데 바로 이 태도가 사실은 가장 현명한 선택일 수도 있다.

한번 생각해 보자. 겸손한 상사 A가 부하직원인 B에게 공을 넘겼다. 이때 B는 A를 능가하는 신호를 보내거나 혹은 A를 따르는 신호를 보낼 수 있다. 어떤 선택이 B에게 더 좋을까? 능가하는 신호를 취하는 게 이기는 걸까? 그렇지 않다. 그 순간은 능가하는 것처럼 보일 수 있어도 둘의 직위가 뒤바뀌지 않는 한 그 선택은 언젠가 화살이 되어 B에게 돌아올 수 있기 때문이다.

그러나 B가 A를 존중하고 그에게 종속되는 신호를 보낸다면, 그건 B가 언제나 이기는 선택이 된다. B는 자유의지에 의해 결정한 것이지 게임에서 패한 게 아니기 때문이다.

상대에게 공 넘겨주기

지위가 높은 사람이 한 발 뒤로 물러나 공을 다른 이에게 넘겨주면 이득이 되는 점들이 꽤 있다. 주도권을 빼앗기지 않으려고 아등바등할 때는 보이지 않던 것들이 눈에 들어온다. 사람들이 무슨 일에 집중하는지, 그들이 원하는 것이 무엇이고, 그들이 왜 그렇게 행동하는지가 순수하게 보이기 시작하는 것이다. 그러면 다른 사람을 바라보는 관점이 달라지고, 그들의 강점과 결점, 보완점 등을 더 잘 파악할 수 있다.

이건 다른 사람들 입장에서도 이득이다. 지위가 높은 사람이 지배적으로 등장하면, 모든 것을 그에게 맞춰야 한다는 생각에 폐쇄적인 태도를 취한다. 자신의 생각이나 견해를 솔직하게 표현하는 것 자체를 꺼리게 되는 것이다. 그러나 결정의 기회가 모두에게 열려 있으면, 그들 모두 경험할 수 있는 게 늘어나고 그만큼 다양한 생각이 발현될 여지가 더 커진다.

물론, 여기서 공을 넘겨준다는 것이 책임을 떠넘긴다

는 뜻은 절대 아니다. 한 발 물러나 있는다는 것은 상황을 더 객관적이고 전체적으로 보는 것이지 회피나 외면이 아니다. 겸손하되 능력 있는 사람들은 뒤로 물러나 있을 뿐 도망치지 않는다. 다만, 자신의 패를 드러내지 않음으로써 방해받지 않고 더 충실히 준비하고자 하는 것이다.

혹시 콜롬보 형사를 아는가? 그는 스스로를 타인의 밑에 두면서도, 언제나 탁월하게 해결의 실마리를 쥐는 캐릭터다. 추리 수사물의 전설적인 이 형사가 조사를 벌이는 대상은 대부분 상류층이다. 롤스로이스를 모는 살인자 같은 식이다. 흐트러진 머리에 쭈글쭈글하고 구겨진 트렌치 코트를 입은 그는 화려한 상류층의 모습과 대비되어 더 누추해 보일 때도 많다.

콜롬보는 항상 공손하고 예의를 잃지 않는다. 다만, 피의자를 심문할 때는 뭔가 예측 불가능한 사람으로 보인다. 그는 피해자들에게 상황에 대해 더 설명해 달라고 거듭 부탁한다.

"이해를 할 수 없는데요, 왜⋯⋯?"

"저한테 설명을 좀 더 해주시면……."

그러면 피의자는 콜롬보 형사를 우둔한 사람으로 여기며 답답해하고, 올가미가 점점 자신의 목을 조여오고 있다는 사실을 감지하지 못한다. 이제 클라이맥스가 나올 시간이다. 콜롬보 형사는 잠시 나갔다 오겠다며 일어나 문을 열다가 뭔가 떠오른 듯 "정말 마지막 질문"을 던진다. 하지만 이 질문은 방금 떠오른 것이 아니라 처음부터 품고 있던 것이다. 정중하게 던져진 그의 마지막 질문은 피의자의 허를 찌르기에 충분하다. 콜롬보야말로 겸손한 능력자를 대표하는 본보기가 아닐 수 없다.

물러서지 말아야 할 때도 있다

겸손하게 물러서 있더라도 끝까지 분명히 손에 쥐고 있어야 하는 한 가지가 있다. 바로, 독립성을 잃지 않는 것이다. 『내 지위는 내가 결정합니다』의 저자, 톰 슈미트(Tom Schmitt)와 미하엘 에서(Michael Esser)는 이를 "겉으로는 낮은 지위, 내면으로는 높은 지위"라는 표현으로 강조한다.

만약 자신의 지위를 스스로 결정할 수 있다면 당신은 자의식이라는 빛을 발산하는 사람이다. 그 어떤 것도 자신의 의지에 반해서 일어나지 않고 자발적으로 종속된 위치에 머물더라도 그건 절대 비굴함이 아니다. 그런데 만일 더 이상 당신이 생각했던 의미로 상황이 흘러가지 않는다면? 그 즉시 종속된 위치는 종결된다. 타인이 당신을 함부로 대하거나 거짓되게 매도하거나, 당신의 존엄성을 앗아가려고 시도할 때도 마찬가지다. 당신은 이런 상황을 절대 두고 보지 않으며, 적절하게 방어함으로써 대응하려고 한다. 이는 자신뿐 아니라 타인도 존중하는 태도에서 비롯된다. 당신은 누군가 강압적으로 지시하는 대로 따르는 대신 '나는 하지 않을 것'이란 태도를 분명히 취한다. 그리고 말할 것이다.

"이런 상황에서 무엇을 해야 할지는 내가 직접 결정하고 싶습니다."

상대가 무례하게 구는 상황에서는 그 점을 직접 언급

하는 것이 의미심장할 때가 많다. 상대가 당신보다 더 높은 위치, 가령 상사라고 해도 말이다. 그들의 나쁜 행동을 확인시켜 주는 것은 필요하다.

"방금 하신 말씀은 저를 전혀 존중하지 않는 말이라고 생각합니다."

"상처를 주는 표현은 하지 않으셨으면 좋겠습니다."

만일 나보다 낮은 지위에 있는 상대가 내 말을 가로막는다거나 이해할 수 없는 과장된 태도를 보인다면, 분명히 짚어주는 것이 좋다.

"당신이 내게 왜 그런 말을 하는지, 방금 당신의 태도로 확인했습니다."

"당신의 말을 충분히 경청했지만, 저는 여전히 당신을 이해하지 못하겠습니다. 그래서 염려가 됩니다."

자신의 생각을 분명하게 이야기하는 것은 겸손함과 더불어 현명한 사람이 가진 대표적인 태도다. 현명한 사람은 겸손함을 잃지 않으면서도 자신의 생각을 분명하게 말할 수 있다. 그러려면 자기 주장을 펼쳐야 할 때가 언제

인지 더 주의 깊게 살펴야 한다.

당신은 존중받아야 하며, 품위도 빼앗기지 말아야 한다. 품위를 잃으면 겸손의 기초도 사라진다. 막강한 권력에 제대로 방어할 수 없을 때도 품위는 지킬 수 있다. 누군가의 지시에 따라 어쩔 수 없이 행동하는 것이 불가피하다면, 그 사실 하나라도 분명하게 밝혀야 한다. 즉, 당신은 자발적으로 이런 일을 하지 않으며, 이런 일을 좋아하지도 않고, 강요에 의해 어쩔 수 없이 하고 있다는 점을 알려야 한다는 의미다. 그러면 상황은 바꿀 수 없을지라도 진실은 지킬 수 있다. 상대는 자신이 원하는 상황을 얻겠지만, 그에 대한 대가를 치러야 한다. 그러니까 지위를 이용해 부당한 갑질을 행한 악한(惡漢)이 되는 대가 말이다.

나를 소모하지 않고 비축해 두는 지혜

앞으로 나서지 않고 스스로를 낮추는 태도가 가져다주는 의외의 기쁨은 또 있다. 나를 다 소모하지 않을 수 있다는 것, 어떤 상황이 올지 모르는 상황을 위해 에너지를 비축해 둘 수 있다는 것, 과대포장할 필요 없이 있는 그대로의 나로 나아갈 수 있다는 것, 현실 가능한 목표 안에서 계획한 대로 하나씩 이뤄나갈 수 있다는 것, 그리고 다른 사람들이 그런 나를 진지하게 받아들일 수 있도록 해주는 것 등이다.

그러나 요즘 같은 효율 중시 시대에서 회사는 그럴 수 있는 여유를 좀처럼 주지 않는 것이 사실이다. 직장 안에서 사람들은 다른 사람이 무슨 생각을 하며, 어떤 마음으로 일하고 있는지 점점 더 알 수 없어진다.

작업 과정은 최적화되어 있고, 한 공정에서 다른 공정까지 넘어가는 간격이 점점 더 좁아진다. 많은 사람이 지쳐 보이고, 과중한 부담을 안고 있는 것 같은데 회사는 더 많이 일하고, 더 빨리 속도 내기를 원한다. 사람들이 얼마나 많은 역량을 발휘하느냐에 따라 회사의 성패가 결정된다고 생각하기 때문이다. 그리하여 능력 있는 리더는 직원들이 모든 걸 쏟아붓게 만드는 사람어야 하며, 능력 있는 직원은 경쟁에서 이겨야 한다. 비교와 험담의 온갖 말들이, 멸시와 시기의 온갖 전략과 수 싸움이 넘쳐난다. '나랑 비교해서 저 사람은 얼마나 나은 거지? 나에게 위험한 존재가 될까? 잘 지내야 할까? 아니면 밟고 올라서야 할까?'

다들 알고 있다시피 이건 지옥이다. 그러나 이런 문제들을 회사는 마치 해결할 수 있을 것처럼 군다. 더 많이 압박함으로써 말이다. 이제 사람들은 스스로 성장하는 영혼이 되어야 할 지경이다. 더 창의적이고 더 훌륭한 내가 되려면 일과 연결되는 삶이 필수적이다. 회사에는 사람들의 새롭고 창의적인 아이디어를 부화시킬 수 있는 특별한 곳도 만들어진다.

그러나 이런 시스템은, 목표로 하고자 했던 효과를 오히려 반감시킨다. 그러니까 독창적인 작업, 에너지 넘치는 교류, 훌륭한 아이디어를 더 숨 막히게 만든다. 내향적이고 스스로를 낮추는 겸손한 성향이 있는 사람들에게는 특히 더 그렇다. 이들은 마치 매일 자신의 모든 것이 스캔당하는 느낌을 갖게 되고 모든 것이 소진된 채 더 나은 성과를 만들어낼 동력을 잃고 만다.

그 어떤 사람도 당신을 소진시킬 권리는 없다. 당신은 비상시를 위해 에너지를 남겨둬야 하며, 그 누구도 당신이 비축해 둔 에너지를 함부로 가져가서는 안 된다. 사실 비상용 에너지의 본질은 가능하면 사용하지 않는 데 있다.

에너지를 비축하려면 스스로 독립성과 자주성을 지켜야 한다. 방해받지 않는 시간이 있어야 하며, 자신만의 자유 공간이 필요하다. 없으면 의도적으로 만들어서라도 말이다.

"나는 두려움이 별로 없었다.

왜냐하면 정치를 등산할 때처럼 했기 때문이다.

나는 한계를 넘어본 적이 한 번도 없었다.

늘 비상용 에너지가 있었던 것이다.

내가 아무리 어려운 상황에 처하더라도

누군가 나를 구출해 줘야 하는 상황을 만들지 않았다."

_ 하이너 가이슬러(Heiner Geissler), 전 독일 기민당 사무총장

자신만의 에너지를 비축해 두려면, 스스로를 과대평가하거나 사람들로부터 과대평가 받는 상황과도 거리를 두는 게 현명하다. 사람들 앞에 내 모든 능력을 드러내놓기 바쁘게 내 비상 수단은 아무것도 남지 못하니까. 강해 보이려고, 능력이 많은 사람처럼 보이려고, 똑똑해 보이려고 당신의 에너지를 낭비하지 마라. 과장된 포장은 결국 벗겨지기 마련이다. 오늘이 아니더라도, 내일이 아닐지라도, 언젠가 그렇게 되는 것을 누구도 막을 수는 없다. 그러니 그저 단단한 땅 위에서 당신이 가진 보폭과 당신의 속도대로 걸어가기를 바란다. 당신이 가진 에너지를 비축해 두면서, 당신의 무기를 갈고닦기를 응원한다.

겸손하게 협상하기

직장생활에서 협상이라고 하면 무엇이 떠오르는가? 우리는 종종 협상이 필요한 상황과 마주한다. 연봉이나 근무 환경, 업무의 역할과 범위, 성과에 대한 보상 등에 대해 회사와 협상해야 하는 순간도 있고, 업무와 관련되어 동료나 고객과 협상해야 하는 일도 존재한다.

이런 상황에서 겸손한 태도는 방해가 될 거라고 생각할지도 모른다. 협상은 자의식을 극대화해서 나서야 하는 자리이며, 분명한 요구사항을 토대로 상대와 싸울 태세도 갖춰야 하는 거라고 말이다. 조심스러운 태도나 친절한 자세, 특히 돈에 대해 말을 꺼내면서 죄송하다고 하는 것은 협상력을 현격히 약화시킨다고 여긴다.

심리학자인 베스 리빙스턴(Beth A. Livingston) 박사는 1천 명 이상의 사람들을 대상으로 광범위한 조사를 진행해, '공감 능력이 낮은 사람들이 상대적으로 더 높은 연봉을 받고 있다'는 결과를 얻었다. 거만과 자랑이 회사생활의 핵심 능력이라는 뜻은 아니다. 단지 고소득자들에게서 보이는 하나의 특징, 즉 그들은 "나는 친절해"라고 하지 않고 "나는 이런 연봉을 받을 만한 가치가 있어"라고 말하는 유형이라는 것일 뿐. 그런 유형에 넘어가는 어수룩한 상사들이 꽤 많은 모양이긴 하다.

내가 말하고 싶은 것은, 겸손하게 협상에 임하는 방법이 결코 나쁜 게 아니라는 사실이다. 자의식을 가지고 등장하지만 과하지 않고, 물러터지지 않으면서 외람되지도 않으며, 당당하면서도 위협적이지 않은 사람들이 있다. 나서지 않으면서 정중하게 일을 처리하는 겸손한 사람은 협상을 할 때도 유리하다.

영리한 협상은 자신만이 아니라 상대도 결과에 만족해야 한다. 협상할 때 상대를 속일 수도 있어야 한다는 생각은 사실 별로 도움이 되지 않는다. 그러면 오히려 협상 파트너를 화나게 만들 수 있으며, 그 순간 협상은 상당히 힘들어진다. 설령 자신이 원하는 결과를 어찌 얻어냈다고 할지라도, 상대가 속임수에 넘어갔다거나 모욕을 당했다고 느끼게 된다면, 이는 장기적으로 결코 좋지 않은 결과를 낳는다. 위협적인 방법은 '언젠가 되갚고 말겠다'는 마음을 불러일으키니 말이다.

따라서 훌륭한 협상가는 의기양양해하지 않는다. 협상의 자리에서 자신보다 위치가 낮은 사람이라고 한껏 이용하지도 않는다. 협상을 잘하는 사람이란 결국 신뢰할 수 있는 사람인가의 문제다. 상대의 시각에서도 생각할 수 있고, 상대의 위치를 이해하려고 노력하는 사람이다. 상대가 어떤 사람이며, 그의 관심사는 어디에 있는지, 목표는 무엇이고, 어떤 것에 감정적으로 움직일까를 고민하는 사람이다.

상대를 이해하지 못한다면, 그 협상은 홀로 맹목적인 비행을 하는 것과 다름없다. 그런 경우라면 상대의 이야기를 들어야 한다. 그가 무엇을 생각하고 무엇을 원하는지를 설명해 달라고 요청해야 마땅하다.

협상에서 겸손한 태도는 단지 상대를 존중하고 정중하게 대하는 것만이 아니며, 유용한 카드로써도 그 힘을 발휘한다. 물러날 줄 안다는 것은 자신이 가지고 있는 패를 한 번에 모두 드러내지 않는 전략이기도 하다. 적절한 타이밍을 기다릴 줄 아는 것이며, 혹시 모를 비상 수단을 쥐고 있는 것이다.

여기서 비상 수단이란, 더 많은 것을 얻기 위해 이미 합의를 본 사항에 대해 갑자기 의문을 제기하는 것이 아니다. 합의에 이르지 못했을 때를 위한 합리적인 대안, 협상의 초기부터 내놓고 싶지는 않았던 차선의 제안과 같은 으뜸 패를 의미한다. 이런 점에서 보면 겸손은 협상을 약화시키는 것이 아니라 현저히 강화시켜주는 태도가 아닐까?

세련된 풍자의 원칙

'모든 것을 이 순간을 위해'라는 슬로건을 내건 회사가 있다. 바로 독일 항공사, 루프트한자다. 이 항공사는 "끊임없이 교육받는 조종사들, 나사 하나도 두 번이나 체크하는 엔지니어들, 당신이 끝까지 꿈을 꿀 수 있게 해주는 동반자들"을 고객에게 약속한다. 그들이 전달하고자 하는 메시지는 분명하다. 즉, 우리가 구름 위를 날아가는 동안 느끼는 행복감의 배후에는 세심하고 엄격한 작업들이 있으며, 눈에 띄지 않지만 많은 전문가의 노력이 숨어 있다는 의미다.

겸손한 태도가 바로 그렇다. 눈에 띄지 않는 전문성과 철저한 작업이 그처럼 비교할 수 없는 순간을 가능하게 한다. 이것이 바로 겸손하게 일해서 인정받게 될 때 얻는 보상이다.

다른 사람이 아직 당신에게 어떤 능력이 잠들어 있는지 전혀 모르는 상황이었다고 하자. 그런데 스스로를 내세우지 않고도 당신의 능력을 적절히 보여줄 수 있는 상황에 자연스럽게 놓이게 되었다면? 이때도 과장되지 않고 절제된 행동이 가장 빛난다.

너무 수줍어하거나 "저는 아직 준비가 전혀 안 되어서요"라는 말도 굳이 필요 없다. 그냥 담담하게, 평소와 다름없이 자신의 일에 묵묵히 집중하는 것이다. 모두가 놀라는 가운데 일이 잘 마무리된 순간에도 마찬가지다. 특별한 일을 해낸 것인 양 어깨에 힘주는 것이 아니라 자신이 대단해서가 아니라고 스스로를 낮추는 것이다. 이런 행동이 뻐기고 으스대는 것보다 훨씬 더 믿음직스럽고 품위 있는 태도다.

이와는 또 다른 상황이 있다. 이번 주인공은 잘난 체하며 사람들을 불편하게 만드는 허풍쟁이다. 그들을 상대할 때도 겸손과 절제된 표현이 빛을 발휘한다. 그리스 희극에 나오는 '에이런'을 생각하면 된다. 수천 년 전부터 허풍쟁이의 가면을 벗기는 데에는 겸손보다 더 적절한 게 없었던 셈이다.

이때 가장 중요한 원칙은 당신이 직접 나서서 잘난 체하는 사람의 가면을 벗기는 게 아니라는 것이다. 당신은 그저 그에게 조용히, 적절한 질문을 던질 뿐이다. 마치 콜롬보 형사처럼 말이다. 그러면 그는 질문에 응하며 뽐내다가 결국에는 스스로 가면을 벗기에 이르는 것이다. 주의해야 할 것은, 부드럽게 비트는 표현을 넘어 그를 조롱하거나 비난해서는 절대 안 된다는 점이다.

상대가 그 상황의 주도권을 자신이 쥐고 있다는 확신에 차 있을 때, 당신은 그저 흥미로운 논평에 참여하면 된다. 비록 상대가 공공연히 헛소리를 지껄일지라도, 끝까지 품위를 잃지 말고 이를 흥미롭게 받아들여야 한다. 이때 효과적인 결론은 가령 이런 거다. 당신은 모두에게 잘 알려진 권위 있고 신뢰감 있는 인물을 언급했고, 상대는 지금 그 인물과는 완전히 다른 결과에 이르렀다. 그는 몹시 당황해했고, 이로써 당신의 세련된 풍자는 조용히 승리를 거뒀다.

권력자가 오르는 일곱 계단과 그 대가

앞에서 살펴봤듯이, 여러 연구와 실험이 '인격과 성공은 흔히 반대 방향으로 움직인다'고 말한다. 출세할수록 점점 더 나르시시스트의 특징, 즉 자신에게 도취되는 경향이 두드러지게 나타난다. 많은 것을 성취하고 연속적인 성공을 거둔 후에도 계속 순풍이 부는 상황은 물론 아주 쾌적하겠지만, 그 상황이 그 사람의 모든 걸 마법처럼 돋보이게 만들지는 못한다. 그가 뽐내고, 이기적이며, 거만하게 군다면 말이다.

그건 스스로도 잘 알지 않을까? 적어도 나라면 그럴 것 같다. 만일 내가 성공에 취해 호언장담한다면, 가장 먼저 나 자신에게 마음에 들지 않을 거다. 겉으로는 아무리 화려한 척, 아무 문제 없는 척해도 그건 자기기만이다. 곧 공허해질 게 분명하다. 그런 식으로는 오래가지 못한다. 그래서 사람은 항상 발을 땅에 딛고 있는, 그런 삶을 살아야 한다고 나는 말하고 싶다.

그러지 못하는 사람들은 어떻게 살까? 그들은 자신을 경탄하는 사람들에게 둘러싸여 있다. 듣기 불편한 진실을 말하는 사람은 절대 만나지 않는 것일까? 집에 있을 때조차도? 끊임없이 위험에 둥둥 떠다니면서?

고대 로마 시대에는 사제가 적과의 싸움에서 이기고 돌아온 장군들에게 월계관을 씌워주는 의식이 관례였다고 한다. 이때 사제는 장군에게 이런 말을 반복한다. "그대도 언젠가 죽어야 하는 운명임을 명심하시오." 이는 높은 권력을 갖게 된 그들을 과장과 과대망상으로부터 지켜주기 위한 보호막이었다.

사람이 자기 스스로를 돌아보려면, 이와 같은 자극이 필요하다. 다른 사람들부터 들려오는 반대 혹은 반박 같은 것들 말이다. 이는 다른 시각, 다른 의견, 다른 경험을 포함한다. 그런 반대 혹은 반박은 내가 진실이라고 여기는 것들, 내가 중요하다고 생각하는 것들에 대해 의문을 제기한다. 내가 놓인 환경, 나의 사회적 지위, 나의 권리에 대해서도 물음표를 던진다. 나는 그에 따라 내 생각을 확인하고 돌아보며, 때로는 의견을 바꾸고 시각을 바로잡기도 하는 것이다.

이런 반대 혹은 반박을 전혀 받지 못하는 것은 그래서 위험하다. 나에게 반대하는 사람이 아무도 없다는 것은, 내가 반대할 게 없는 사람이 아니라(그런 사람은 아마 없을 거라고 본다) 내가 사람들을 침묵하게 만들어버렸기 때문이다. 이런 상황에 있는 권력자는 독단의 길로 들어서기 마련이다. 중요한 결정 사항들이 공정한 기준이 아니라 주관적 입장과 취향에 의해 좌우되는 일이 벌어진다. '권력은 달콤한 마약'이라고 하는 이유가 달리 있겠는가. 이런 마약은 지배욕을 드러내지 않았던 사람들도 결국 타락시키고 만다.

7단계로 이뤄진 '우열의 계단'이라는 모델이 있다. 요하네스 레너(Johannes M. Lehner)와 발터 외치(Walter O. Otsch), 그리고 내가 함께 개발한 모델이다. 여기에서 '계단'은 출세하고 점점 더 많은 권력을 잡을 때 치르게 되는 대가가 무엇인지 보여준다. 한 계단씩 올라가며 짚어보도록 하자.

첫 번째 계단에 이른 사람은 처음으로 자신의 우월함 같은 것을 느낀다. 자신의 의지대로 성공을 이룬 그에게 매우 기분 좋은 느낌이 찾아온다.

두 번째 계단에 오르면 기쁨은 더 커진다. 자신에게 중요한 것을 더 자주 달성하게 되면서 자신감도 성장한다. 그럼으로써 자신의 행동 반경을 더 확장시킬 수 있는 용기를 얻는다.

세 번째 계단에 올라서면 우월감이 어느 정도 공고해진다. 그가 내놓은 견해를 대부분의 사람이 의문시하지 않으며, 오히려 전략적으로 인용한다. 겉으로 보기에 논쟁이 벌어지고 있는 듯해도, 결국 그는 자신의 의지를 관철시킨다. 그를 반대하는 사람은 홀대받고, 패자의 위치에 서게 되며, 아무런 권력을 갖지 못한다.

그에 관한 부정적인 소식마저 미화되거나 혹은 아예 언급되지 않으면, 네 번째 계단에 이른 것이다. 이제 그가 나쁘게 행동하거나 어이없는 실수를 저질러도, 그 누구도 비판하지 않는다. 이렇게 되면 다섯 번째 계단이 멀지 않은 것이다.

다섯 번째 계단에서 독단은 꽃을 피운다. 다른 사람의 생각과 감정은 더 이상 중요하지 않다. 그는 자신을 과대평가하고 있으며, 거기에서 멈추지 않는다.

여섯 번째 계단에 이르면, 그는 최고의 자리에 앉아서 상당히 외로움을 느낀다. 그는 자신에게 굴종하는 사람에 대해 의심을 품기 시작한다. 그들에게 정직함과 비판을 요구하지만 정작 그걸 참아내지는 못한다.

마지막 일곱 번째 계단에 도달하면 그는 다른 사람들을 경멸하기 시작한다. 그는 방향을 잃고, 아무도 원치 않는 프로젝트를 홀로 물고 늘어진다. 현실 감각을 완전히 상실해 버린 것이다.

이 우열의 계단이 말해주는 분명한 사실이 있다. 맨

위에 도달한 사람은 결국 파멸로 향한다는 점이다. 위기감을 느낀 그가 어쩌면 다시 밑으로 내려와 현실과 접촉을 시도할지도 모른다. 그러나 현실 감각을 상실한 그가 아닌, 다른 이성적인 후계자를 왕좌에 옹립하려는 '왕의 살인자들'에 의해서 실각하게 될 것이다. 그렇지 않으면 결국은 그가 모두를 파멸로 몰고 갈 테니까.

자신들에게 방해가 되면 모든 것을 물어뜯는 '알파 (Alpha)'들이 있다. 동물행동학에서 알파란, 해당 집단에서 가장 높은 계급과 서열을 가진 동물을 가리킨다. 이런 알파들에게 방해가 되는 존재는 자신만의 생각을 가진 자, 굴종하지 않는 자다. 세상은 바로 이와 같은 존재들이 필요하다. 세심한 감각을 지니고 있으면서 자신을 비대하게 만들지 않는 사람들 말이다. 우리는 이제 알파들과는 다른 방식으로 사람들을 이끄는, 전혀 다른 존재들을 만날 차례다.

조용히 타인을 이끄는 사람들

겸손함과 소박함을 가진 리더들은 항상 존재했다. 이들의 성공은 의지의 결과가 아니라 그때의 상황이나 문화, 그리고 부하직원들에 의해 결정되었다. 열정적인 태양왕 같았던 리더가 조직을 망쳐놓았다면, 사람들은 소박하고 차분한 리더에게 더 많이 공감하는 법이다.

소박한 특징이 있는 리더들도 두 갈래로 구분된다. 첫 번째 부류는 다른 사람들의 본보기가 되고자 하는 사람들이다. 이들은 자신이 경험한 삶의 양식을 제시하고, 다른 사람이 그 방향을 따르기를 원한다. 이들은 결코 뽐내거나 우쭐해하는 리더는 아니지만, 어떤 측면에서는 그들과 비슷하기도 하다. 다른 사람이 쫓아가야 하는 기준을 본인이 제시한다는 점에서 그렇다.

두 번째 부류의 리더는 자신의 역할을 전혀 다르게 이해한다. 이들은 자신이 앞으로 나서기보다 다른 사람이 무대에 설 수 있게 해준다. 부하직원들 중 이 리더와는 다르게 행동하는 사람도 있을 것이다. 어떤 이들은 자신을 내세우기 바쁘고, 어떤 이들은 고집스럽고, 또 어떤 이들은 소통이 어려울 수도 있다. 그래도 이 리더는 다양한 사람들을 받아들인다. 모두가 같은 방식을 따를 필요는 없다. 이 리더에게는 다른 것이 더 중요하다. 지극히 다양한 사람이 함께 일하는 것이므로 각자의 특징을 고려하며, 그들의 능력을 보완해 주는 것이다.

이 같은 리더는 자신이라는 사람 대신 공동의 과제를 내세운다. 그 과제를 해결하기 위해서는 독자적인 재능을 가진 다양한 존재들이 필요하다. 독자적인 그들은 알파 유형과는 달리 복종할 준비가 되어 있지 않다. 이들은 리더에게 아첨이나 과시가 쓸데없다는 걸 누구보다 잘 알고 있다. 그리고 이러한 신념은 목표를 이루는 데 중요한 추진력이 된다.

겸손한 경영자의 표본인 것 같은 인물들이 있다. 저렴한 생필품 체인 알디(Aldi)를 세운 알브레히트(Albrecht) 형제들이 그 주인공이다. 두 형제는 1946년 어머니가 하던 작은 식품점을 이어받아 체인 사업을 시작했다. 품목의 수를 줄이고 저렴한 가격으로 상품을 판매하여 소비자들에게 인기를 얻은 이들은 5년여 만에 열세 개의 상점을 열었고, 독일 전역으로 사업을 확장해 나갔다. 독일 남부 지역의 알디 쥐트(Aldi Süd)는 형인 카를이 경영했고, 북부 지역의 알디 노르트(Aldi Nord)는 동생인 테오가 경영을 맡았다.

이들의 성공은 그야말로 대단했다. 2009년 독일의 경제 미디어 잡지《매니저 매거진》은 이 형제를 독일 최고의 부자 1위와 2위로 소개했다. 그러나 이 형제는 항상 겸손했고, 세상의 주목에서 늘 떨어져 있고자 했다. 경제 매거진《포브스》가 "알브레히트 형제들은 설인들보다 더 세상에 모습을 드러내지 않고 살았다"라고 썼을 정도다.

1971년에 테오 알브레히트가 납치된 적이 있다. 납치범들은 엄청난 몸값을 요구하다가 결국 체포됐는데, 이때 범행을 자백하며 한 말이 있었다. "너무 평범하게 옷을 입고 회사에서 제일 마지막에 퇴근하던 그 남자가 억만장자 테오 알브레히트라고 처음에는 믿지 못했다."

조용히 조직을 이끄는 내성적 유형의 리더들에 관해 실비아 뢰켄(Sylvia Loken)만큼 잘 아는 전문가는 드물 것이다. 언어학 박사이자 코칭 전문가인 그녀는 내성적 유형의 리더들을 연구하고 컨설팅과 강연, 세미나를 열며 활발한 활동을 하고 있다. 그녀가 쓴 『조용한 사람, 큰 영향』은 수전 케인(Susan Cain)의 『콰이어트』와 함께 내성적인 리더에 대한 기존의 부정적인 관점을 긍정적으로 바꾸는 데 큰 기여를 했다.

내성적인 사람은 결코 나약하지 않다. 그들은 신중하고 참을성이 강하며, 생각이 깊다. 실비아 뢰켄은 이렇게 강조한다. "내성적인 리더에게 사회적 지위는 그다지 중요하지 않거나 낯선 것이다. 그들은 자기도취적인 성향이 있는 지배적 알파 유형들과는 다른 원천에서 권위를 이끌어낸다."

그들은 직원들에게 관심이 많으며, 그들의 생각에 주목한다. 그들의 말에 관심을 기울이며 집중해서 경청한다. 자신의 의견을 표현하기 전에, 상대가 충분히 말할 수 있도록 한다. 내성적인 리더가 말을 하면, 그건 충분히 숙고한 결과다. 그리고 그 말에는 항상 핵심이 담겨 있다. 이런 리더는 직원들에게 어떤 느낌을 줄까? '나를 진지하게 대하며 존중해 준다'는 느낌이다. 이런 리더에게서 어떤 힘이 뿜어져 나올까? 조용하지만 강력한 형태의 권위다.

내성적이라는 것은 겸손함과도 연관이 있다. 이미 언급했듯이, 겸손함은 '정통한 사람의 태도'다. 중요한 것은 언제나 표면 아래에서 진행된다. 그래서 깊이 있게 들어가지 못하는 사람은 뭐가 중요한지 전혀 알아채지 못한다. 실비아 뢰켄이 말한 것처럼, 조용한 리더는 믿을 수 있는 소수의 것에 집중한다. 그들은 모두가 자신의 소질을 알아차리고 인정해 주지 않더라도 이를 태연하게 받아들인다.

실비아 뢰켄은 '조용하고 겸손한 리더'의 모습을 학술 교류차 일본에서 전문 매니저로 3년간 활동하면서 처음 접했으며 이때부터 깊이 파고들게 되었다고 말한다. 일본의 문화는 서구 문화와 비교할 때 그야말로 내성적이며 겸손의 방식이 짙다. 자신을 앞세우지 않는 일본의 리더들은 여유가 있고, 다분히 인간적인 모습도 보여준다.

마쓰시타 고노스케는 일본에선 전설적인 인물로 통하는 기업인이다. 2차 세계대전 후에 그는 거의 무(無)에서 세계적인 대기업을 세웠는데, 바로 파나소닉으로 유명한 마츠시타 전기다. 이 뛰어난 리더가 어느 날 레스토랑에서 식사를 했는데, 갑자기 스테이크를 요리한 셰프와 얘기를 좀 했으면 좋겠다고 부탁했다고 한다. 그는 스테이크를 절반 정도 먹은 상태였다. 곧 나타난 셰프는 당황한 기색이 역력했다. 그때 마쓰시타가 조용히 이렇게 말했다.

"이 스테이크를 만드는 데 당신이 아주 많은 수고를 했다는 것을 잘 알고 있습니다. 그런데 저는 절반밖에 먹지 못했어요. 절대 맛이 없어서가 아닙니다. 정말 뛰어난 맛이었어요. 하지만 나는 여든 살이고 식욕이 그렇게 좋지 않다는 사실을 부디 이해해 주시길 바랍니다."

셰프가 뭐라고 답해야 할지 몰라 주저하는 사이 마쓰시타가 이렇게 덧붙였다.

"만일 절반의 스테이크가 담겨 있는 채로 내 접시가 다시 주방으로 돌아가면 당신이 혹 상처를 받을까 봐 당신과 얘기를 하고 싶었습니다."

이 이야기는 겸손함이 상대를 얼마나 배려하고 존중하는 태도인지를 잘 보여주는 일화다.

> **"겸손은 모든 이성의 시작이다."**
>
> _루트비히 안첸그루버(Ludwig Anzengruber), 오스트리아 소설가

완벽하지 않을 수 있는 힘

직장 세계에서 나를 보여주는 일은 매 순간 맞닥뜨리는 과제와도 같다. 면접에서부터가 그렇다. 면접을 볼 때는, 내가 지원한 그 자리가 마치 나를 위해서 존재하는 것 같은 인상을 줘야 한다는 압박감이 있다. 나의 과거 이력이 마치 이 순간을 위해서 흘러온 것처럼 말해야 승산이 있을 것 같다는 압박 말이다.

면접은 말 그대로 보여주기를 위한 자리다. 겸손을 펼치기에는 매우 불리한 상황이란 얘기다. 면접관은 내가

가진 소질과 장점을 전혀 모르기 때문에 내 말과 태도만으로는 내가 겸손한 사람인지, 부족한 사람인지 판단할 수가 없다.

면접을 통과하고 회사에서 들어가 어느 정도 자리를 잡았다고 해도 겸손함을 장착하기란 쉽지 않다. 나의 겸손을 이해하지 못하는 사람이 더 많을 수도 있고, 그런 이들은 내가 이룬 성과의 질적인 면을 알아보는 안목도 없을 것이다. 직장 세계에서 겸손은 그저 그걸 누릴 능력과 자격이 되는 사람에게만 가능하다는 생각도 분명히 존재한다. 겸손할 수 있다는 것은 위태롭지 않은 위치에 있다는 뜻이라고 말이다. 또한 겸손이 잘 통하는 업계도 있겠지만, 잘 통하지 않는 업계도 있을 것이다.

한편, 겸손함을 매우 높게 평가하는 시각도 있다. 경영 연구가 스테판 카둑(Stefan Kaduk)은 경제학자 디르크 오스메츠(Dirk Osmetz)와 함께 특별한 컨설팅을 제공하고 있다. 이들은 이 컨설팅을 '모범을 깨는 자'라고 부른다. '모범을 깨는 자'란 보통의 관습에서 벗어난 기업들을 일컫는다. 카둑이 관찰한 바에 따르면, "겸손은 현재 완전히 트렌드"라고 한다. "힘을 뽐내고 과시하던 영웅적인 시대는 이제 지나갔으며 점점 더 많은 사람이 서로의 거리를 지키면서 협력적인 관계를 선호한다. 광채와 매혹 따위는 이제 효과가 없다. 기업을 움직이는 대표는 겸손하게 등장하는 것을 더 좋아하고, 떠받들거나 사치스럽게 보이는 것을 피하고자 한다."

물론 '보여주는 겸손'을 다 믿어선 안 된다. 겸손의 배후에 다른 것이 숨어 있는 경우도 있으니까. 이런 행태를 두고 카둑은 '2류 속물근성'이라고 표현한다. 겸손하게 굴지만 단지 연출에 불과하다는 것이다. 경영자가 회사 식당에서 줄을 서면 즉각 뉴스가 된다. 기업의 회장이 소형차를 타고 가다가 세우면 모두 그를 본다. 그 작은 자동차는 물론 회장이 평소 타고 다니던 차가 아니다. 그는 단지 소형차를 타고 직접 운전도 한다는 것을 보여주고자 했을 뿐이다.

이와 달리, 진정한 의미에서의 겸손을 지닌 리더들도 있다. 쇼가 아니라 평소 행동에서 겸손을 보여주는 리더 말이다. 진짜 겸손한 사람은 사회적 지위를 드러내는 게임을 하지 않으며, 남보다 뛰어나려고 하지 않을 때 더 편안함을 느낀다. 자신을 예외로 두지 않으며, 모두에게 적용되는 원칙을 묵묵히 따른다. 자신을 찾아온 사람을 기다리게 하지 않고, 약속을 정확하게 지키며, 다른 사람들보다 더 오래 이야기하지 않는다.

또한 그들은 자신이 완벽하다는 인상을 주려 하지 않는다. 오히려 자신의 약점을 거리낌없이 인정하며, 부족한 점을 솔직하게 말한다. 이들은 뭔가에 대해 모른다거나 아직 목적을 달성하지 못했다는 것을 인정한다. 이런 인정은 주변 사람들을 편안하게 하고 긴장을 해소시켜 준다. 리더가 실수를 인정하는 것을 큰 문제로 여기지 않으면, 부하직원들 역시 속일 게 적어지는 것이다. 그럼 뭔가 잘못 돌아가는 일이 생길 때 그 원인을 더 쉽게 발견할 수 있다. 리더가 좋은 선례를 보일 경우 '실수를 빠르게 인정하고 바로잡는 문화'가 가능해지는 것이다.

겸손한 리더가 조직에 긍정적인 영향만 미치는 것은 아니다. 카둑의 말을 빌리면, 이런 리더를 직원들은 '인간적'으로 평가하거나 혹은 공감이 간다고 표현하지만 동시에 자신의 리더가 '지도력'을 보여주고 어떤 의심도 사지 않기를 원한다는 것이다. 리더가 강력하게 주장하는 것을 좋아하는 직원도 꽤 있다고 말이다. 대체 어떻게 하라는 말인가?

이와 같은 딜레마는 항상 존재한다. 그럼에도 불구하고 나는 '겸손하기를 선택하라'라고 말하고 싶다. 자신의 약점을 실제보다 낮게 평가하지 않고 실수를 인정하며 한계도 받아들이는 모습을 보여주기를 권하고 싶다. 그게 신뢰할 수 있는 사람이란 증거이며 내면적으로 힘이 있다는 표시라고 강조하고 싶다.

그렇지 않고 자신을 실제 모습보다 더 큰 사람으로 설정한다면 금세 자신이 맡은 역할에 갇히는 포로가 되기 쉽다. 이런 리더는 결국 의도하지 않았던 일들에 대한 책임을 떠안아야만 한다. 이런 결과는 그를 '지도력이 약한 리더'로 간주하는 것보다 더 끔찍하다. 그러니 리더의 자질로 더 나은 것이 무엇이냐 묻는다면 단연 겸손이라 말하고 싶다.

세계적인 경영컨설팅 그룹 브레그먼파트너스의 대표 컨설턴이자 CEO인 피터 브레그먼(Peter Bregman)이 '나는 모릅니다'라는 주제로 한 TED 강연은 강한 인상을 남기며 큰 주목을 받았다. 그는 이렇게 말했다.

"뭔가에 대해서 모른다는 게 들통나면 상처받고 나약해질 거라고 보통 생각합니다. 하지만 여러분에게 비밀을 살짝 알려드리겠습니다. 사실 뭔가를 몰라도 되려면 어마어마한 자신감, 자기 자신을 존경하는 마음과 힘이 필요합니다. 리더가 지녀야 할 자질 가운데 가장 중요한 것이 바로 '모를 수 있는 것'입니다. 모른다는 것은, 진실과 삶의 현실 앞에 서 있다는 뜻입니다. 우리가 새로운 것을 시도한다는 것은 뭔가를 알기 때문이 아닙니다. 몰라서 시도하는 것이지요."

진짜 가치는 드러내는 것으로
증명되는 것이 아니다

드러내고 뽐낸다는 것은 오히려
자신감이 부족하다는 증거이며
다른 사람들로부터 인정받거나
존경받지 못하고 있다는 표시다

6

옷차림의 기술과 태도,
그 기묘한 상관관계

한 사람을 판단하는 데는 여러 요인이 작용하겠지만, 겉으로 드러난 모습이나 옷차림만큼 가장 즉각적인 영향을 미치는 건 없을 것이다. 상황에 맞는 격식을 갖춘 옷차림은 그 사람의 태도를 보여주는 무시하지 못할 코드다. 물론 '드레스 코드'에 정답은 없다. 그러나 정해진 답이 없기에 누구는 적절하게 입지 못해 곤경에 처하고, 누군가는 지나치게 차려입거나(Overdressed) 혹은 지나치게 간소화(Underdressed) 하는 바람에 난처해지는 것이다.

드레스 코드의 정석을 알려준다는 매거진이나 블로그 등 각종 매체가 있기는 하지만 이는 사실 드레스 코드를 특정한 것으로 고정시키는 경향도 있다. 드레스 코드는 항상 변한다. 드레스 코드를 경시함으로써 비웃음 사는 사람도 있지만, 그러한 규칙 자체를 바꿔버리는 사람도 있으니까.

여기에서 가정할 수 있는 것은, 어떤 사람은 코드를 몰라서 모욕을 당하고, 어떤 사람은 의도적으로 코드를 위반한다는 사실이다. 드레스 코드와 사회적 지위 사이에는 확실히 모종의 관계가 있다.

만일 사회적 지위가 낮다면 드레스 코드를 의식하는 게 싫다고 해도 완전히 자유로울 순 없다. 그러면 본인이 사람들로부터 무시당할 수도 있기 때문이다. 그러나 높은 지위에 있으면 거리낌 없이 굴기가 더 수월하다. 트렌드와 거리가 먼 옷차림을 해도 무시당할 일은 많지 않다. 심지어 양복에 테니스 양말을 신더라도 말이다. 오히려 양복에 테니스 양말을 신고 있는 그 사람의 지위를 알아보지 못한 누군가야말로 모욕당할 수 있다.

누군가 허름한 차림새로 명품 숍에 들어섰다고 해보자. 긴장감이 도는 순간이다. 이 사람은 직원들로부터 어떤 대우를 받을까? '모든 고객을 존중하는 마음으로 환대하라'는 지침대로 대할까? 경험이 많은 어느 직원은 "나는 무릎이 튀어나온 트레이닝을 입은 사람이어도 그가 어떤 지위의 사람인지 한눈에 알아볼 수 있다"고 주장한다. 글쎄, 모르겠다. 부유층 고객을 알아보지 못하고 무시했다가 큰코다친 이들의 이야기가 괜히 들려오는 건 아닐 테니까.

의식적으로 검소한 복장을 한 사람들

사회 저명인사나 부유층 인사 중 옷차림에 크게 신경 쓰지 않는 사람들이 꽤 있다. 회사에 출근할 때는 차려입어도 일상에서는 기꺼이 홀가분한 차림새를 선호하는 이도 있다. 가령 의사 선생님이 흐늘흐늘한 조깅복을 입고 돌아다니거나 대기업 회장이 반바지 차림으로 건축자재를 파는 가게에 등장하는 식이다.

이케아(IKEA)의 설립자인 잉그바르 캄프라드(Ingvar Kamprad)는 세계에서 가장 부유한 사람 가운데 한 명인데 자유로운 복장을 하고 다니는 걸로도 유명했다. 이케아가 모스크바에서 최초로 지점을 열었을 때, 그는 고객들 사이에 섞여 있었다. 러시아어를 잘 못했음에도 방문한 사람들에게 말을 걸기도 했고, 마지막에는 고객이 구입한 물건을 포장하기도 했다.

캄프라드의 전기를 썼던 뤼디거 융블루트(Rüdiger Jungbluth)에 따르면, 고객들은 "저 이상한 노인은 누구냐?"라며 유니폼을 입은 직원에게 물었다고 한다. 당연히 대답을 듣고 난 그 고객은 입을 다물지 못했다. 모스크바 지점의 대표도 아니고, 러시아 지역 전체 대표도 아닌 무려 이케아의 설립자였으니 말이다.

만일 당신이 지위에 걸맞은 옷이 아니라 의식적으로 더 검소하게 옷을 입는다면, 거기엔 여러 이유가 있을 것이다. 단순히 옷에 대한 감각이 없어서일 수도 있고, 무슨 옷을 입든 당신에게는 그다지 중요하지 않은 문제일 수도 있다. 그저 내가 좋으면 그걸로 충분하다는 걸 표현하고 싶은 것이다.

어쩌면 고급스러운 옷을 입는 것이 심적으로 더 불편할 수도 있다. 그런 옷은 당신의 태도나 인격에 어울리지 않고 지나치게 인위적인 느낌을 들게 하니까. 소박한 환경에서 자란 당신은 그게 뭐든 티 내는 것을 좋아하지 않을 수 있다.

어쩌면 검소하게 옷을 입는 사람들과 공감하고 그들과 연대하고 싶을 수도 있다. '나는 너희들 중 한 사람이야. 내가 더 나은 사람이 아니야' 같은 메시지를 전달하는 것이다. 만일 그런 당신이 고급스러운 옷차림을 하면, 그게 오히려 변장이 되는 것이다.

이처럼 의식적으로 검소한 복장에는 그 사람의 생각과 태도가 묻어난다. 한 가지 짚고 넘어갈 점은 '너무 검소한 복장'이 늘 좋은 인상을 남기는 것은 아니라는 사실이다. 파티와 같은 모임에 지나치게 간소화한 옷차림으로 참석하는 것은, 설령 파티 호스트가 좋게 말해줬다고 해도(그가 예의 바른 사람이라면 옷차림을 지적하진 않을 테니까) 적절치 못하다. 같은 맥락에서 '지나치게 차려입은 복장' 이 실수가 될 때도 있다. 결혼식에 신부보다 더 눈에 띄는 의상을 골라 입고 온 하객처럼 말이다.

그들은 옷이 아니라 태도를 입는다

프랑스 오를레앙의 공작, 루이 필리프(Louis-Philippe) 라는 사람이 있었다. 그는 시민의 왕이었던 루이 필리프 (같은 이름이다)의 아버지였다. 1789년에 프랑스 혁명이 발 발했고, 공작은 이 혁명을 적극 지원했다. 국민회의에서 사촌인 루이 16세의 폐위에 찬성했고, 결국 루이 16세는 처형되었다.

공작은 이미 새로운 혁명의 왕으로 대우받을 만큼 인 기가 있었다. 그러나 그는 지배자로서가 아니라 트렌드를 만들고 스타일을 대표하는 아이콘으로서 이름을 남겼다. 문화학자인 바바라 빈켄(Barbara Vinken)은 "루이 필리프는 유럽의 남성 의상 분야에서 변혁을 일으켰다"고 말했다. 그리고 이 사실은 우리가 지금 다루고 있는 주제와 관련해 의미가 있다.

루이 필리프는 귀족의 전유물과 같았던 벨벳과 비단, 자수와 레이스 제품, 알록달록한 보석과 반짝이는 색의 의상을 내려놓았다. 그는 더 이상 화장을 하지 않았고, 거추장스러운 가발도 쓰지 않았다. 그리고 마지막으로 바지를 갈아입었다. 무릎까지 오던 바지 대신 혁명가들처럼 긴 바지로 말이다.

그는 마치 영국 신사들처럼 단정했다. 눈에 띄는 소재의 옷은 아니었지만 품위 있어 보였다. 정교하게 재단된 옷은 그의 몸에 잘 맞았다. 사람들의 시선은 옷이 아니라 옷을 입고 있는 그를 향했다. 루이 필리프 덕분에 오를레앙 남성의 의상은 화려함을 벗어던지고 단정하게 변했다. 바바라 빈켄의 말을 빌리면 이러하다. "현대적 남성성의 역사는 자신을 매력적으로 연출하기를 포기하면서 시작되었다."

즉, 옷을 잘 입는다는 것은 이런 의미와 같았다. '과도하게 드러내지 않는다.' 그게 우아함의 표시였다. 매력적으로 보이기 위해 많은 시간과 노력을 투자했다는 생각이 들게끔 '너무 훌륭하게' 또는 '너무 세련되게' 입지 않는 게 장점이 되는, 이를테면 절제와 겸손을 보여주는 것이 덕목이었던 셈이다.

물론, 데이비드 베컴(David Beckham)과 호셉 과르디올라(Pep Guardiola)처럼 화려한 옷차림이 각광받기도 했다. 하지만 베컴을 통해서도 분명하게 확인할 수 있는 것이 있다. 베컴의 옷차림을 보면 그 역시 겸손함이 무엇인지 이해하고 있다는 점이다. 그가 단정한 정장을 입고 학생들의 교실에 방문할 때나 아이들과 함께 공을 차는 모습을 보면 세계적인 스타임에도 불구하고 해맑은 소년 같다.

물론 베컴과는 대조적인 사람도 있다. 바로 슈뢰더 전 수상이다. 그는 명품 양복 브리오니(Brioni)를 입고 자신의 축구 솜씨를 보여줄 기회를 놓치지 않고 뽐낸 바 있다. 하지만 그의 행동은 공 다루기를 통해 관록을 뽐내는 신

호에 가까웠다. 그러니까 이런 슬로건을 가지고 말이다. '나는 공도 잘 차고 정부도 잘 이끈다.'

> "남자의 옷은 뭔가를 말해주지 않는다.
> 오직, 옷을 입고 있는 그의 태도가 말할 뿐이다.
> 그는 자신의 행동으로 인격을 인정받아야 한다."
>
> _프리드리히 테오도르 피셔(Friedrich Theodor Vischer), 독일 소설가

숙녀복의 발전사는 남성과는 다르게 흘러갔다. 여성의 의상은 끊임없는 변화를 보여주었다. '유행이 지났다'라는 표현은 바로 여성의 의상을 두고 하는 말이기도 했다. 그만큼 여성의 의상은 남성복보다 훨씬 다양하고 다채롭다. 그래서 여성은 의상을 통해 자신을 표현하거나 혹은 연출할 수 있는 더 많은 기회를 가진다. '무슨 옷을 입어야 하지?'라는 하나의 문장에는 사실 여러 질문이 뒤섞여 있는 것이다. "이 옷을 어떤 옷과 결합해서 입어야 하지?", "어떤 색깔을 선택해야 하지?", "보석을 달아야 하나?" 같은 질문들 말이다.

또한 검소라는 주제와 관련해서도 여성은 남성의 경우보다 훨씬 더 다양한 스타일로 접근할 수 있다. 화려함이 아닌 자연스러움을 강조하는 화장도 가능하다. 물론, 소박하고 단정한 콘셉트로 옷이 아니라 옷을 입고 있는 사람에게 주목시키기도 한다. 이를 잘 보여주는 대표적인 의상이 바로 심플한 '블랙 드레스'다.

이 의상을 대중적으로 만든 디자이너는 바로 프랑스 출신의 가브리엘 보뇌르 샤넬(Gabrielle Bonheur Chanel)이다. 그녀는 1926년《보그》에 이 '아담한 검정 드레스'를 소개하며 이렇게 말했다. "소박한 이 의상은 자신만의 취향을 가진 여성의 유니폼과도 같습니다."

그녀의 블랙 드레스는 혁명적이었다. 블랙은 상복이나 하인들이 입는 제복에 쓰이는 색이었다. 게다가 이 원피스는 기장이 무릎까지밖에 내려오지 않을 만큼 짧은 데다 장식이라고는 전혀 없었다. 그러나 옷이 아니라 옷을 입은 사람이 주목받게 만드는 그 이유로 선풍적인 인기를 끌었다. 또한 바바라 빈켄이 묘사했듯 "이 아담한 검정 드레스는 칼같이 예리한 윤곽을 보여준다." 다른 말로 하면,

이 옷을 입으려면 '취향'도 있어야 할 뿐 아니라 옷에 맞는 '체형'도 필요했다.

그리하여 이 아담한 블랙 드레스는 그 어떤 다른 의상도 이루지 못한 것을 이루었다. 바로 여성적인 겸손을 유행시킨 것이다. 더욱이 이 의상은 시대를 초월하여 지금까지도 여성들이 사랑하는 스타일이 되었다.

블랙 드레스와는 다른 스타일지만 비슷한 맥락에서 유행한 의상이 또 있다. 여성을 위한 비즈니스 바지 정장이다. 여성성을 뒤로 감춘 이 의상은 실용적인 데다가 멋이 있다. 눈에 띄는 장식이 없으며, 지배적인 인상도 주지 않는다. 다방면에서 겸손함과 소박함에 어울린다. 결코 부담스럽지 않지만 우아하다.

유럽중앙은행(ECB) 총재인 크리스틴 라가르드 (Christine Lagarde)의 스타일이 그렇다. 어떤 남자도 그녀와 같은 분위기를 표현하지는 못할 것이다. 문화학자인 게르트루드 레네르트(Gertud Lehnert)의 말을 빌리면, 단정한 비즈니스 정장은 "강한 자의식을 단정함과 겸손함으로 어필"하는 의상이다. 남성의 정장은 일종의 제복처럼 여겨지지만 여성의 정장은 확실히 다르다. 여성은 더 많은 것을 선택할 수 있다.

진짜와 가짜를 가르는 세심한 차이

의상의 가치를 판단하는 건 간단한 일이 아니다. 보편적인 기준이 없다 보니 가장 흔히 들이대는 기준은 '그 옷이 얼마나 고급인데?'와 같은 식이다. 그러나 따지고 보면 겉으로는 고급처럼 보여도 실제로는 아닌 것들도 있다. 그 차이를 아는 사람은 진짜처럼 보이려는 가짜를 잘 알아차린다. 그리고 가짜가 들통난 사람의 사회적 지위는 순식간에 저 밑으로 추락하고 만다. 사람들은 가짜가 진짜인 듯 구는 행동을 좋아하지 않으며, 심지어 경멸하고 조롱한다.

비싼 옷을 입으면 사람도 진짜가 될까? 고급 옷으로 치장하면 지위도 올라가는 걸까? 아니다. 그 사람이 어떤 사람인가가 더 중요하다. 스스로 진짜가 되지 못하면 아무리 비싼 옷도 소용이 없다.

하지만 사회적 지위라는 게임을 벌이는 사람은 옷에도 지위가 있다고 생각한다. 자신은 지위에 맞는 옷을 입고 있으며, 다른 사람도 그래야 한다고 여긴다. 입고 있는 옷으로 사람들의 지위를 판단하기 때문에 그 사람이 어떤 옷을 입는가는 매우 중요한 문제다.

흥미로운 사실은, 의심할 바 없이 높은 지위에 속하는 사람들은 오히려 그런 것들에 무감하다는 점이다. 예를 들어, 명품과 짝퉁 외투의 단추는 무엇이 다르고 어디에 달려 있는지와 같은 것들을 그들은 잘 모른다. 그건 그들에게 중요하지 않은 문제다. 그러나 이제 막 성공해서 자부심에 부푼 사람들, 자신의 지위를 드러내기 위해 비싼 옷을 구입한 사람들은 그 옷의 단추에 대해 확실히 안다. 그리하여 그들은 가짜를 적발해 내는 데 아주 많은 관심을 보인다. 확고한 지위를 가진 사람이 발산하는 여유와 탁월함이 그 자신에게는 없다는 점을 여실히 보여주면서 말이다.

사회적 지위를 드러내는 상징에 집착하는 것은, 도리

어 자신의 사회적 지위를 깎아버리는 일이다. 인정받기 위해 자신의 사회적 지위와 상징을 뽐내야 하는 이들은 결코 타인의 시선으로부터 자유로울 수가 없다. 드러내야 확인받을 수 있다고 생각하기 때문이다.

그러나 진짜 가치는 드러내는 것으로 증명되는 것이 아니다. 드러내고 뽐내는 것은 오히려 자신의 가치를 무색하게 만든다. 뽐낸다는 것은 나약하고 자신감이 부족하다는 증거이며, 다른 사람들로부터 인정받고 존경받지 못하고 있다는 표시이기 때문이다.

사치와 자랑은 유행이 지났다

사치는 사람들이 자신의 지위를 드러내기 위해 누리는 상징 중 하나다. 이 주제와 관련해서 미국의 사회학자 소스타인 베블런(Thorstein Veblen)은 1899년 출간한 『유한계급론』에서 "상류층의 소비는 허영심과 사회적 지위에 대한 과시를 위해 이뤄진다"고 했다. 부유한 상류층은 비싸고, 사치스럽고, 특권이 있다는 것을 보여주는 비생산적인 일에 탐닉한다는 것이다.

베블런이 대표적으로 든 예시가 패션이다. 고급 의상은 비싸고 우아하지만, 불편하다. 육체적이고 생산적인 일을 하는 것이 불가능하도록 만들어졌기 때문이다. 그래서 더더욱 그런 옷을 입고 있는 사람은 특별하다는 점을 부각한다.

베블런은 아무런 생산적인 일도 하지 않으면서 하류층의 몫을 태연하게 가져가는 부유한 상류층을 격렬히 비판했다. 하류계급은 결코 따라 하기 힘든 삶을 보여주며 그것을 동경하도록 만들었기 때문이다. 그들은 유용하고 생산적인 일의 가치는 무의미하게 만들었고, 아무것도 하지 않는 무위(無爲)를 갈망하게 했다. 무위를 품위로 간주한 부유층들은 사회 전체에 영향을 미쳤고, 결국 탐욕과 어리석음, 특권에 비이성적으로 중독된 사회를 만들었다고 베블런은 말한다.

이와 같은 경향은 여전히 남아 있지만, 최근 사치품에 대한 생각에 변화가 일어나기 시작했다. 컨설턴트이자

『사치를 다시 생각한다(Rethinking Luxury)』의 공동 저자인 마르쿠스 알베르스(Markus Albers)는 "자랑하는 유행은 지나갔다"고 말한다. 겸손이라는 트렌드는 지난 몇 년 동안 눈에 띄게 강력해지고 있다. 모피를 입고 프라다-구찌-루이비통 핸드백을 흔들고 다니는 여자, 애스턴 마틴을 몰고 다니며 고급 레스토랑에서 굴을 주문하는 남자는 분명 '돈이 많다'는 것을 보여준다. 그러나 그들에게 '스타일이 있다'고 말할 수는 없다. 돈 자랑으로 다른 사람의 마음을 사로잡지는 못하기 때문이다.

절제라는 주제와 특히 관련이 깊은 패션 아이템 한 가지만 더 짚어보자. 자동차 다음으로 성공한 남자의 사회적 지위를 드러내는 상징 같은 아이템, 바로 시계다. 자동차와 달리 손목시계는 항상 몸에 지니고 다니는 물건이다. 그렇다고 해서 눈에 보이는 것은 아니다. 오히려 셔츠 소매 아래에 숨어 있다가 마치 우연인 것처럼 적당한 순간에 모습을 드러내는 것이 시계의 묘미다.

독일 유명 일간지 《프랑크푸르트 알게마이네 짜이퉁》

이 "손목시계의 트렌드가 눈에 덜 띄는 방향으로 가고 있다"라고 했듯이, 1990년대에는 볼륨감 있고 부피가 큰 손목시계가 유행했지만 지금은 가능한 한 납작한 시계가 더 우아해 보인다. 이제 막 성공을 이룬 젊은 친구가 새로 산 롤렉스 시계를 번쩍이며 자랑하려고 애쓰는 모습은 안쓰럽기까지하다. 이런 부끄러운 실수를 지칭하는 '롤렉스되다'라는 말이 생길 정도다. 전문가들 사이에서 롤렉스는 전형적인 '계층 상승 시계'로 간주되는 것이다. 그렇다면 이 시계는 차라리 착용하지 않는 게 더 낫지 않겠는가. 독일의 다국적 기술기업 지멘스(Simens) 전 사장이었던 클라우스 클라인펠드(Klaus Kleinfeld)는 롤렉스를 차고 찍은 프로필 사진에서 조용히 시계만 지웠다. 물론 이로 인해 더 화젯거리가 되었지만 말이다.

반면에 독일 헤센 주의 총리였던 롤란드 코흐(Roland Koch)는 건설회사 빌핑어(Bilfinger)의 대표로 임명되었을 때, 고급과는 거리가 먼 손목시계를 차고 나와서 화제가 되었다. 《디 차이트》와의 인터뷰에서 그는 이렇게 말했다. "친구들이 이렇게 말하더군요. 내 손목시계는 남자들의 중요한 액세서리를 공격적으로 무시하는 결과가 될 것이라고 말이지요."

시계는 시간을 알려주는 기능 이상의 것을 우리에게 보여준다. 시계를 차고 있는 그 사람의 지위, 그리고 이를 대하는 태도까지 말이다.

결국에는 겸손이다

마르쿠스 알베르스에 따르면, 사치품 시장은 여러 단계의 국면을 지나간다고 한다. 이 말은 사치품을 구입하는 고객들의 발전과 비교할 수 있다.

젊은 시절에는 다른 사람들로부터 인정을 받고자 하는 욕구가 크다. 나의 가치를 증명하고, 내가 가지고 있는 것을 보여주고자 한다. 트로피를 수집하고, 온갖 상장과 인증서를 방에 걸어두고, 사회적 지위를 알리는 징표라면 무엇이든 보여준다. 이 단계는 사람들에게 깊은 인상을 심어주기 위해 사치스러운 물건으로 한껏 치장하는 시기다. 모두가 아는 익숙한 명품들로 말이다. 눈길을 사로잡는 로고는 "나는 대단한 사람"이라고 소리친다.

점차 우리의 지위에 익숙해지면 예전에는 새롭고 환상적으로 보였던 것이 이제는 당연하게 보인다. 사치품들도 그렇다. 이제는 격식에 얽매이지 않고 사치품을 다루며, 그에 대해 더 잘 알게 되고, 미세한 차이와 약점들을 발견하게 된다. 자신감을 얻고 주체적인 생각이 자리 잡으면서 이제는 물건으로 지위를 드러내야 할 필요를 더 이상 느끼지 못하게 된다. 만일 그런 모습을 목격한다면 되려 부끄러움이 느껴진다.

다음 단계에 접어들면, 겸손에 더 근접하게 된다. 우리는 목표를 달성했고, 누구에게도 뭔가를 증명할 필요가 없다. 오로지 눈에 띄지 않는 것들의 시간이다. 화려하고 찬란하며 매력적인 것들은 금기시된다. 로고는 아주 작거나 아예 보이지 않는 것이어야 한다. 다른 사람이 알아채지 못하는 것이 오히려 더 좋다. 겉으로 잘 드러나지 않는 것이 더 가치가 있는 물건일 때도 있다. 중요한 것은 외양이 아니라 그 뒤에 숨어 있는 진짜 품질이니까.

마르쿠스 알베르스가 "이 단계에서 사람들은 물건의 배후에 있는 스토리에 더 관심을 둔다"라고 한 것처럼, 물건은 이제 자랑이 아니라 의미의 대상으로 바뀐다. 각각의 물건에 가치를 부여하며, 그 가치는 물건에 붙어 있는 가격표와 상관없다. 그리하여 우리는 아주 단순한 물건을 상당한 수준으로 향유하기 시작한다.

이로써 4단계로 진입하는데, 여기에서는 의미가 전면에 등장한다. 우리는 사람들이 열망하는 물건이 점차 매력을 잃어간다는 것을 경험한다. 의미가 채워지지 않는 사치스러운 삶은 어느 순간 지루하고 공허해진다. 이는 다른 삶의 방식으로 관심을 돌리게 만든다.

어떤 사람은 종교적인 길로 들어서거나 금욕적인 생활을 하며 사치와 멀어진다. 또 어떤 사람은 환경과 지속가능성이라는 문제에 몰두한다. '이 사치품이 어떻게 생산될까? 우리는 그 과정에 동의하는가? 이것이 전통적인 장인정신을 살리는 일인가? 아니면 오직 마케팅의 장난일까? 사치품을 생산하는 사람들은 누구인가? 우리가 이 물건을 구매하면 어떤 결과를 얻게 될까?'

또 다른 방식은 '더 적은 것에 대한 예찬', 일종의 미니멀리즘이다. 최소한의 것들만 의식적으로 선별하고, 그것에 더 중요하고 특별한 가치를 부여하는 것이다. 미국에서 소프트웨어 엔지니어로 일하는 마이클 켈리 서튼(Michael Kelly Sutton)은 자신이 가지고 있는 많은 소유물을 정리하기 위해 '컬트 오브 레스(Cult of less, 더 적은 것의 숭배)'라는 웹사이트를 열었다. 그는 자신이 소유했던 대부분의 물건을 다른 사람들에게 선물했다. 지난 3년 동안 그가 구입한 물품은 오직 두 가지, 책상과 소파뿐이었다. 이 두 가지조차 '정말 필요한 것인가'를 두고 6개월 동안 고민했다고 한다.

단지 낭비하지 않는 삶을 얘기하는 게 아니다. 트렌드 연구가들과 소비 전문가들은 물질적으로 풍요해진 것을 넘어 과포화 상태에 이른 사람들은 남아도는 소유물을 '거추장스러운 짐'이라고 느낀다고 말한다. 그래서 몇몇 행동하는 사람들은 그 모든 짐을 던져버리고 자유로움을 느낀다. 애초부터 그 무거운 짐을 짊어지지 않는 사람도 있다. 그들에게 중요한 것은 '물질적인 소유물을 쌓아두는 것'이 아니라 '스스로 선택하고 누리는 경험'이다. 그런 경험이 삶을 더 풍요롭게 만들고, 향유할 수 있게 해준다. 여기에서 향유라 함은, 스스로 선택한 검약과 노력, 결핍을 누리고 즐긴다는 의미다. 그리고 무엇보다도 그들은 이런 향유를 혼자서만 하는 게 아니라 다른 사람과 나누고 싶어 한다.

베블런이 『유한계급론』에서 매우 아쉬워했던 것이 바로 이 지점이다. 의미와 절제, 그리고 타인에 대한 책임감. 어쩌면 과한 표현일 수도 있다. 하지만 사치가 겸손과 연결됨으로써 또 다른 기회가 생길 수도 있다. 그러면 새롭고 희망적인 진짜 '세련된 사람들의 이론*'이 될지도 모른다. 세련됨을 표현하는 데 겸손만큼 더 좋은 수단은 없다.

* 유한계급론(The theory of the leisure class)은 독일어 번역으로 '세련된 사람들의 이론(Die Theorie de feinen Leute)'이라고 표현되었다.

3부

드러내지 않아도 빛나는
현명한 삶의 방식

절제된 표현은 한마디로
'태연할 수 있는 용기'다

어떤 상황에서도
태연해질 수 있다는 것은
어렵고 두려운 순간을
좀 더 수월하게 견디고
넘어설 수 있는 힘을 준다

7

절제가 만든 위트,
겸손이라는 희극

영화감독 알프레드 히치콕(Alfred Hitchcock)이 이런 말을 했다. "절제된 유머만큼 나를 즐겁게 해주는 것은 없다." 겸손과 절제가 몸에 배어 있는 영국 출신다운 말이다. 서스펜스 스릴러의 거장으로 불리지만, 그의 영화에서도 희극적인 요소와 절제되고 미묘한 유머를 꽤 발견할 수 있다. 실제로 그는 "유머로 균형을 이루지 못한 서스펜스는 아무런 가치가 없다고 생각한다"라고 말하며, 이를 롤러코스터 타는 것에 비유하기도 했다. 롤러코스터가 정점에서 아래로 내려가는 순간 사람들은 비명을 지르지만, 다 돌고 나면 대부분 웃음을 터뜨린다고 말이다.

절제된 유머란 '볼 안의 혀(Tongue in cheek*)'와 같다. 의미심장한 미소를 짓거나 눈을 찡긋하면서 아무것도 아니라는 듯 표현하는 것들 말이다. 물론 이런 표현을 알아채지 못하는 사람에게선 오해를 사기도 하지만, 바로 그런 점 때문에 이 농담을 알아채는 사람들은 더 재미있어 한다.

히치콕의 절제된 유머는 이와는 또 다른 의미로도 이해할 수 있다. 갑자기 무대의 중심으로 등장했지만 원래는 눈에 띄지 않았던 디테일 같은 것 말이다. 그의 단편작 〈1마일 더 가다(One More Mile to go)〉는 이를 잘 보여주는 영화다.

자동차를 운전하며 바쁘게 가던 한 남자가 자신의 직무에 충실한 경찰관 때문에 차를 멈춰야만 했다. 자동차

---

*   '농담조, 우스개'를 뜻하는 관용 표현으로, 진지한 듯 보이지만 그 안에 유머가 숨어 있는 것을 의미하는 말이다.

미등을 켜지 않았다는 이유에서였다. 그런데 이 근면 성실한 경찰관이 전혀 예상하지 못한 일이 있었는데, 사실 그 차의 트렁크에는 시체가 들어 있었다. 그러니까 운전자는 살인자였고, 자신이 죽인 희생자를 어딘가에 버려야만 했던 상황이었다.

이런 설정은 또 다른 히치콕의 블랙 코미디 영화 〈해리의 소동(The Trouble With Harry)〉에서도 나타난다. 해리는 숲에서 발견된 시체다. 해리를 발견한 마을 사람들은 저마다 다양한 이유로 인해 자신들이 해리를 죽였다고 생각하게 된다. 그들은 시체를 처리하기 위해 해리를 파묻었다가 다시 파내는 과정을 거듭하는데, 결국 끝에 이르러 알게 된 진실은 해리가 자연사했다는 사실이었다. 마을 주민들은 해리를 발견했던 곳으로 데려가고, 이로써 '해리의 소동'은 끝난다.

이 영화에서 보여주는 유머는 지극히 어둡다. 마을 사람들은 해리를 마치 옮겨야 하는 가구처럼 이야기한다. 죽음과 어울리지 않는 마을 사람들의 태도, 이 기이한 부적절함 속에 바로 절제의 유머가 숨어 있는 것이다.

그 어떤 두려움도 별것 아닌 것처럼

한번 상상해 보라. 이제 당신은 수많은 관중 앞에서 연설을 해야 한다. 곧 무대로 걸어 나가야 할 시간이다. 그런데 너무도 긴장한 나머지 사시나무 떨 듯 비틀거리며 걸어가다가 그만 바닥에 주저앉고 말았다. 생각만 해도 아찔한 일일 것이다.

그런데 이 일이 내게 일어난 상황이 아니라, 내가 지켜보고 있는 무대에서 일어났다면? 무대에 선 사람이 꽈당 넘어질 때, 객석에서는 웃음이 터져 나온다. 물론 넘어진 당사자가 다쳤다거나 안 좋은 상황이라면 당연히 즉시 웃음을 그쳐야겠지만, 넘어진 당사자가 아무 일도 없었다는 듯 일어나면 그 웃음은 유쾌하게 넘어간다.

절제된 유머는 이와 같이 공포나 두려움, 당혹감의 순간을 웃음으로 받아들이게 해준다. 도저히 평정심을 갖기 어려울 것 같은 상황에서 누군가가 과장된 평정심을 보일 때 코미디가 되는 것이다. 이와 관련해 자주 인용되는 예로, 영국의 몬티 파이튼(Monty Python)이라는 코미디 그룹이 있다. 이들이 다룬 코미디 몇 장면을 소개하겠다.

어떤 디너 파티에 갑자기 죽음의 신이 등장한다. 그는 파티에 온 손님들을 데려가기 위해 문 앞에 서 있다. 그러자 죽어야 할 사람 가운데 한 명이 이를 눈치채고 별일 아니라는 듯 이렇게 말한다. "음, 오늘 저녁에 슬픈 그림자가 드리워졌군, 안 그래?"

또 다른 장면. 식민지 시대 때 한 영국 신사가 아프리카의 어느 천막에서 잠이 들었다. 그런데 다음 날 아침 일어나 보니, 천막이 다 찢어져 있고 남자의 오른쪽 허벅지 아래의 다리가 완전히 없어진 상태다. 곧 의사 한 명이 불려온다. 의사가 다리를 살펴보는 동안 남자는 책을 읽고 있다. 마치 자신의 다리가 처한 상황이 사소한 타박상인 것 같은 태도로 말이다. 의사도 별것 아니라는 듯 이렇게 말한다. "걱정하지 마세요. 곧 죽을 겁니다, 아! 당신 말고 바이러스가요. 몸을 따뜻하게 해주시고, 침대에서 잘 쉬세요."

이는 아프거나 곤란한 것을 내색하지 않는 이들의 '불굴의 정신'을 겨냥한 풍자인데, 그게 아니더라도 이미 절제된 표현 자체로 웃음을 유발한다. 그런 유머가 끔찍한 일에 대한 부담을 덜어주기 때문이다. 어떤 두려움도 별일이 아니며, 아무런 해가 없다는 듯 다뤄지기 때문에 편하게 웃을 수 있는 것이다.

태연함을 잃지 않는 자세

몬티 파이튼의 코미디가 보여주는 것은 한마디로 '태연함'이다. 어떤 상황에서도 태연할 수 있다는 것은 강점이 될 수 있다. 어렵고 두려운 순간을 좀 더 수월하게 견디고 넘어설 수 있는 힘을 주기 때문이다.

이런 상황을 웃음으로 보여주는 인물이 바로 독일의 유명 코미디언 로리오(Loriot)다. 그는 자신이 각본과 연출을 맡고 배우로도 출연한 TV 코미디 시리즈 〈로리오〉로 큰 인기를 끌었다.

'공식 축하 만찬' 편에서 그는 멋진 옷을 입고 세련된 사람들 사이에 앉아 있다. 누군가와 대화를 하려고 시도하지만 아무도 응해주지 않는다. 심지어 음식을 주문하기 위해 주변에서 서빙을 하는 사람을 불러도 봐주지 않는다. 그는 급기야 애걸복걸하듯 말한다. "웨이터! 제발 나를 한번 봐주실래요?" 하지만 그의 접시는 여전히 비어 있다. 어쩔 수 없이 직접 음식을 가져오려고 자리에서 일어난 순간, 소매가 촛불에 걸려 그만 불이 붙고 만다. 로리오는 팔을 허우적대며 불꽃과 싸우다 식탁 밑으로까지 들어간다. 그러나 아무도 이 상황을 알아차리지 못한다. 그는 식탁 아래에서 기어 나와서는 다시 주변을 향해 대화를 시도한다. 마치 아무 일도 없었다는 듯 말이다.

로리오의 코미디에는 언제나 대비되는 상황이 등장한다. 늘 엉망진창인 무질서한 세상과 그 안에서 뭐든 정돈하려고 애쓰는 예의 바른 신사처럼 말이다. 이때 로리오가 표현하는 신사는 결코 태연함을 잃지 않는다. 그는 언제나 정신을 가다듬고 계속 행동할 따름이다.

바로 이런 점이 코미디의 장면을 만들어낸다. 창피함에 대한 두려움이 전혀 없는 사람은 난감한 상황이 계속해서 벌어져도 태연하다. 그런 점에서 〈로리오〉의 주인공들은 절대 약하지 않다. 고전적인 방식으로 존경스러울 만큼 초연히 상황을 헤쳐 나간다. 그러니 관중은 그들의 편에 서지 않을 수가 없다.

'우리'만 이해하는 아주 세심한 위트

극도로 감성을 절제한, 이른바 '과소 표현'에도 잘 갈고닦은 유머가 숨어 있는 경우가 많다. 이런 유머는 사람들을 박장대소하게 만들지는 않아도, 공감과 동의의 미소를 짓게 한다. 물론 여러 번 언급했듯, 모두가 그 유머를 알아차리지는 못하지만 말이다. 그러나 어떤 사람들은 분명 이렇게 생각할 것이다. '마침내 나와 같은 수준의 사람이 나타났군!'

과소 표현의 유머를 해독하는 게 늘 쉽지는 않다. 가령 누군가가 어떤 일에 대해 "나쁘지 않을 정도"라고 표현했다면, 이건 무슨 의미일까? 탁월했다는 걸까, 적당했다는 걸까, 아니면 재난에 가까운 수준이라는 걸까? 해답은 맥락 속에 있다. 달리 표현하면, 과소 표현의 진의를 읽고 미소 지을 수 있는 사람은 그 '맥락'을 잘 이해하고 있다는 의미다.

그런 의미에서 과소 표현이란 일종의 장애물이기도 하다. 하지만 '아는 사람'은 그 장애물을 어려움 없이 넘을 수 있다. 그러니 이 장애물은 과소 표현을 하는 사람과 이 표현을 이해하는 사람들 사이를 더 의미 있게 연결해 준다. 작은 암시를 알아채지 못하는 사람들 사이에서 연결된 이들은 유유히 미소 짓는다. 그리고 사실 이러한 웃음이 만족도가 더 크다.

메릴랜드 주립 대학교의 심리학 및 신경과학과 로버트 프로빈(Robert Provine) 교수는 학생들을 일상에 투입해 사람들이 언제, 무엇 때문에 웃는지 알아보게 했다. 결과는? 사람들은 농담을 할 때보다 암시와 공감을 통해 연결될 때 더 자주, 그리고 진실하게 웃게 된다는 결과를 얻었다. 그 자체로 웃기거나 재미있는 일보다 사람들과 어떤 것을 함께 느낄 때 더 의미 있는 유쾌함이 든다는 것이다. 프로빈은 이런 웃음을 '사회적 윤활제'와 같다고 표현하기도 했다.

다른 한편으로 과소 표현은 어떤 사안에 대해 내적인 거리감을 확보하는 태도이기도 하다. 최소한의 표현을 함으로써 긴장을 풀고 일종의 놀이를 하듯 편안하게 해당 주제에 접근한다. 그렇다고 해서 태만하다는 의미는 절대 아니다. 오히려 효과가 더 좋다. 과소 표현은 말하는 사람의 부담을 낮춰주고 더 쉽게 이야기 나누도록 해준다. 이런 모습은 그 말을 듣고 있는 사람들도 덩달아 편안하게 만들어준다.

학자들 또한 이와 같은 양식을 더 유의미하게 평가한다. 영문학자 한스 디터 겔페르트(Hans Dieter Gelfert)는 자신의 저서 『영국 유머의 문화사』에서 다음과 같이 언급했다. "영국에서는 재미있으면서도 쉽게 쓰는 것, 독자를 가르치고자 하는 과도한 열정을 버리는 것이 18세기부터 불문율이었다." 쉽게 받아들일 수 있으면서도 적절한 겸손으로 표현된 담백한 스타일, 이것이 바로 과소 표현의 미학이다.

셀프 아이러니의 매력

자신을 낮추는 '셀프 아이러니'의 유머가 제대로 빛을 발휘하려면, 겸손이라는 핵심을 놓쳐서는 안 된다. 자신의 약점 혹은 부족한 점을 소재로 삼고 이를 낮춰서 표현하는 것은 적절한 셀프 아이러니가 될 수 있다. 하지만 그렇지 않은 경우라면 겸손한 척 떠벌리는 행동, 즉 '험블브래깅'으로 여겨진다.

강연 실력이 출중하기로 유명한 인기 연사가 강연 무대에 오른다. 대단한 전문가를 초청했다는 생각에 주최 측은 뿌듯함으로 무대를 지켜보고 있고, 강연장에 모인 청중들 역시 기대심과 존경심 가득한 마음으로 연사를 바라보고 있다. 그런데 이때 그가 다음과 같은 말로 운을 뗀다. "앞으로 45분 동안 여러분들을 실망시켜드릴까 봐 걱정입니다."

유감스럽게도, 이런 표현은 셀프 아이러니가 아니다. 청중들은 이미 이 연사가 어떤 사람인지 잘 알고 있을뿐더러 심지어 연사에 대한 경외심마저 표출하고 있는데 그들에게 실망을 안겨줄까 걱정이라니? 강연이 서투른 사람도 아니고 이미 정평이 난 사람인데? 그럼 이 강연에 준비를 제대로 하지 않았다는 걸까? 그가 정말 자신을 두고 아이러니를 표현한 것이 되려면, 정말 청중이 실망할지도 모를 약점을 갖고 있어야 한다. 가령 다음과 같은 식으로 말이다.

"만일 제가 너무 상세하게 들어가면 여러분들이 멈추게 해주세요. 종종 세미나처럼 설명을 지나치게 할 때가 있거든요." 혹은 "제가 강연하는 도중에 질문하셔도 됩니다. 흐름을 끊을까 봐 걱정하지 말고 편하게 손을 들어주세요. 어차피 저도 이야기를 하다 보면 다른 방향으로 샐 때가 꽤 있거든요."

이와 같은 셀프 아이러니는 한스 디터 겔페르트가 이야기했듯, 겸손과 함께 영국 신사들의 이상으로 자리 잡았다. 영국 사회에서는 이런 식의 유머가 오늘날까지 상당히 폭넓게 번져 있다. 영국식 유머는 공손하게 자제하는 형태를 띄는 것뿐만 아니라 때로는 기이하거나 냉철한 블랙 코미디로, 때로는 누군가를 조롱하고 풍자하는 경향으로도 나타난다. 셀프 아이러니는 조롱과 풍자를 앞서서 실행하는 것에 가깝다. 스스로에게 오물을 끼얹는 사람은, 다른 사람이 보호해 주게 되어 있다.

셀프 아이러니에는 또 다른 측면도 있다. 즉, 자기 자신을 두고 조금 빈정대며 풍자하는 것은 말하는 사람에게도, 듣는 사람에게도 뜻밖의 재미가 있다는 점이다. 스스로를 띄우면서 좋은 점만 잔뜩 늘어놓는 것은 따분하고 지루할뿐더러 낯간지럽기까지 하다. 그런데 그렇게 할 수밖에 없을 때가 있다. 예를 들어, 이력서와 자기소개서를 써서 제출해야 할 때처럼 탁월한 성과로 채워야만 한다는 압박을 누구나 느끼는 순간이다.

수학자이자 컴퓨터 과학자인 레슬리 램포트(Leslie Lamport) 역시 학회지에 자신의 경력을 써서 보내야 하는 순간 그와 같은 문제와 맞닥뜨렸다. 여러 권위 있는 상을 수상했지만 성과를 내세우는 일이 마뜩잖았던 이 과학자는 어떻게 했을까? 매우 흥미롭게도 그는 아이러니로 가득한 주석을 단 이색적인 경력서를 학회에 보냈다. 그 내용을 요약하자면 다음과 같다.

'컴퓨터 전문가가 되기에는 배움이 부족하여 경력을 쌓으며 준비를 더 잘할 수 있었다. 나는 공식과 알고리즘으로 무장한 컴퓨터 전문가를 고통스럽게 만드는 수학자다. 내가 튜링상을 받을 수 있었던 것은 더 이상 수학으로 컴퓨터 전문가를 괴롭히지 말라는 이유에서였다.'

튜링상은 컴퓨터 과학 분야의 노벨상으로 불리는 최고 권위의 상이다. 즉, 그는 매우 유머러스하게 자신을 낮췄지만 사실은 대단한 업적을 가진 인물인 셈이다. 이 흥미로운 자서전 같은 기록 덕분에 램포트는 컴퓨터와 숫자만 아는 따분한 사람이 아니라 매우 유쾌한 매력을 지닌 사람으로 각인되었다.

그의 탁월한 경력서는 수학과는 전혀 상관없는 인터넷 사이트에 등장하며 알려졌고, 그 재치와 탁월함에 감탄한 사람들 사이에서 회자되었다. 만일 그가 셀프 아이러니를 포기했다면 그의 자필 이력서는 수많은 이력서들 사이에서 사라지고 말았을 것이다. 그저그런 모두의 이력서와 마찬가지로 말이다.

"겸손함만이 명성을 더할 수 있는 유일한 광채다."

_ 샤를 피노 뒤클로(Charles Pinot Duclos), 소설가

모든 관계는
상대에게 뭔가를 기대하고
심지어 요구하지만
그것이 불완전하기 때문에 어려움을 겪는다

본인만 상처받았다고 느끼지만,
그건 상대도 마찬가지다

8

상처받지 않고, 상처 주지 않는
관계의 기술

친구란 특별한 존재다. 함께 밥을 먹고, 조언을 구하
고, 생각을 나누고, 서로 도우며, 재미있는 일을 함께 도모
하는 내 곁에 있는 존재. 그러나 동시에 오묘한 관계이기
도 하다. 때로는 소홀히 대하고, 이기적으로 굴고, 시기하
거나 이용하기도 하고, 상처받고 상처 주면서 힘들어지는
관계. 심리학자 볼프강 크뤼거(Wolfgang Krüger)는 "우정
은 어려운 삶의 과제"라고 표현한다. 그러므로 우정이라
는 관계에 너무 높은 기대를 하지 않는 게 좋다는 것이 그

의 충고다.

　누군가는 다르게 생각할 수도 있다. 서로 기대하지 않는 미적지근한 관계라면 그것은 친구 사이가 아니라 그냥 지인일 뿐이라고 말이다. 친구에게 '너한테 많이 기대하지 않아'라는 신호를 보내는 사람은, 자신 역시 상대로부터 기대받지 못한다고 생각한다. 이런 생각이 틀리지는 않을 것이다. 다만 뭔가 불완전하고 조금 일방적일 뿐.

　모든 관계는, 상대에게 뭔가를 기대하고 심지어 요구하지만 그것이 불완전하기 때문에 어려움을 겪는다. 본인만 상처받았다고 느끼지만, 그건 상대도 마찬가지다.

기대가 커지면 실망도 커진다

　나와 상대가 서로를 얼마나 다르게 이해하는지 알면 아마 깜짝 놀랄 것이다. 한쪽에서는 항상 자신이 상대를 위해주었고, 생각도 더 많이 하며, 할 수 있는 만큼 최선을 다하고 있다고 확고하게 믿는다. 그런데 다른 한쪽은 전혀 다르게 생각한다. 두 사람의 관계를 위해서 더 많은 일을 하는 사람은 바로 자신이며, 상대는 받기만 할 뿐 나를 생각해 주지 않는다고 말이다.

어떻게 이렇게 다를 수 있을까? 누군가 거짓말을 하는 게 아니다. 그들은 자신이 말한 그대로 실제로 그렇게 느끼고 있다. '나는 늘 상대를 위해 시간을 내주었고, 노력했으며, 도와줬다'고 생각한다. '내가 거절했던 몇 번은 그다지 중요하지 않은 사소한 경우였고, 그럴 수밖에 없었던 이유가 항상 있었다'고 말이다. 반면에 '상대는 그런 내 상황을 전혀 이해하지 못하고 감정만 앞세운다'고 생각하며 '자기가 과거에 자주 거절한 건 기억도 못 한다'라고 탓한다.

대부분의 관계가 이렇다. 모든 사건은 각자에게 서로 다른 의미를 준다. 어떤 사건이 한 사람에게는 매우 중요한 일이었던 반면에 다른 사람에게는 하찮은 일로 보일 수 있다. 무엇보다 결정적인 차이는 이런 것이다. 내가 하는 행동에는 늘 합당한 이유가 있다. 특히 뭔가가 잘못되거나 제대로 풀리지 않으면 그건 외적인 요인 때문이지

내 잘못이 아니다.

그러나 반대로, 상대의 행동은 전부 특정한 의도가 있다고 여긴다. 그럴 만한 사정이나 이유가 있어서가 아니라 일부러 나쁜 마음으로 혹은 알면서도 무성의하게 그렇게 행동한 거라고 단정하는 것이다. 그러면 결국 자신은 지극히 정상인데, 상대는 그렇지 않다고 결론 내리고 기분 나쁘게 받아들이게 된다.

흔히 상대에 대한 기대치가 높으면 실망할 가능성도 높아진다고들 한다. 그건 상대가 신뢰할 수 없는 사람이라서가 아니라 나의 기대감이 잘못된 방향으로 흘러가기 때문이다. 만일 지나친 기대감 대신 양보하는 마음에 바탕을 둔다면 실망보다 감사한 일이 더 많아질 수 있지 않을까? 상대가 나를 위해 이러저러한 일을 해주기를 기대하지 말자. 그저 상대에게 나를 놀라게 할 기회를 넘겨주자. 그리고 만일 상대가 어떤 일을 하는 것이 좋겠다고 느낀다면, 솔직하고 간단하게 생각을 전달하는 것이다. 그걸로도 충분히 괜찮다.

친구의 성공을 기뻐하지 못하는 이유

내가 어떤 일에 성공했을 때 진심으로 기뻐해 줄 친구가 얼마나 있을까? 오스카 와일드가 표현했듯이, 내가 성공을 거두었을 때 이를 가장 견디지 못하는 사람이 안타깝게도 친구일 때가 많다. 왜냐하면 나와 가장 대등한 존재이자 가까이에서 때로는 본보기가 되고, 때로는 비교 대상이 되는 존재가 바로 친구이기 때문이다.

때문에 친구의 성공은 다음과 같은 불편한 생각을 불러일으킨다. '나와는 다른 차원으로 앞질러 가는구나.', '나는 여전히 진창인데…….', '내 기분이 왜 이럴까?', '화가 나는 내가 너무 싫다.', '이제 멀어지게 되는 건가?'

> **"친구의 고통에는 누구나 공감할 수 있다.**
> **그러나 친구의 성공을 진심으로 기뻐하는 데는**
> **정말 훌륭한 천성이 필요하다."**
>
> _ 오스카 와일드(Oscar Wilde), 아일랜드 시인이자 소설가

이런 복잡한 심리에 관하여 보다 과학적으로 조사한 실험이 있다. 사회심리학자 에이브러햄 테서(Abraham Tesser)는 친구 사이인 참가자들을 모집한 뒤 몇 가지 과제를 해결하도록 하는 테스트를 진행했다. 각 테스트는 두 번씩 이뤄졌는데, 한 번은 자신의 친구와 그리고 다음 한 번은 처음 보는 사람과 함께하는 테스트였다.

실험 결과는 매우 놀랍고 또 흥미로웠다. 첫 번째로, 연구원들은 실험 대상자들에게 과제를 함께 해결하며 상대의 능력을 평가하도록 했는데, 사람들은 자신의 친구보다 낯선 사람의 능력이 월등히 높다고 판단했다.

두 번째는 개념을 알아맞히는 테스트였는데, 한 사람은 문제를 내고 다른 사람은 맞히는 역할이었다. 이때 사람들은 친구나 상대가 좀 더 쉽게 혹은 좀 더 어렵게 풀 수 있는 약간의 힌트를 제시할 수 있었다. 그런데 연구원들은 여기에 한 가지 장치를 추가했다. 절반의 사람들에게는 이번 테스트가 '중요한 언어적 능력'을 측정한다고 말해주었던 반면에, 나머지 절반에게는 그냥 단순한 게임이라고 설명한 것이다.

어떤 결과가 나왔을까? 사람들은 단순한 게임이라고 믿었을 때 친구에게 더 나은 힌트를 제공했다. 반대로 언어적 능력을 측정하는 실험에서는 친구가 아닌 낯선 사람에게 더 나은 힌트를 제공했다. 친구가 탁월한 성적을 거둘 수 있도록 돕는 게 아니라 전혀 모르는 사람을 돕는 쪽을 더 선호했던 셈이다.

이런 결과를 마주하고 보니, 나와 동등한 존재로 비교되는 친구가 나와는 다른 차원으로 올라서는 것이 그리 반갑지만은 않은 일이라는 걸 인정해야 할 것 같다. 모르는 사람이 좋은 평가를 받고 훌륭한 결과를 얻는 문제는 우리와 상관없는 일로 느껴지는데, 왜 친구의 성공은 이토록 우리를 괴롭히는 걸까?

우리에게 겸손이 더 필요한 이유가 바로 이 때문일지 모른다. 아무리 가까운 친구라도 자랑을 떠벌리는 것은 좋지 않다. 물론 너무 엄격하게 굴고 싶지는 않다. 친구에게 적당한 인정을 받고, 서로 조금씩 감탄해 주면서, 좋은 일들을 기꺼이 보여주는 행동을 누가 탓할 수 있겠는가?

게다가 친구의 성공을 진심으로 기뻐하는 사람도 당연히 있다. 다만 우리가 믿고 있는 것보다 자주 목격하지 못할 뿐이다. 어쨌거나 우리는 친구가 곁에 존재하기를 원한다. 만일 누군가와 대등한 관계로 함께 나아가기를 바란다면, 다른 건 몰라도 이것 하나만 기억하자.

단순하지만 분명한 원칙이다. 당신이 친구보다 더 낫다는 인상을 절대 풍기지 않는 것이다. 우정은 같은 눈높이에서 더 깊어진다. 서로 다를 수는 있지만 연결되는 지점이 있어야 한다. 취미나 공통된 관심사, 비슷한 환경 혹은 과거의 경험 등이 여기에 속한다. 중요한 것은 당신을 친구와 연결해 주는 것, 관계를 지탱해 주는 것에 절대 우열이 있어서는 안 된다는 점이다. 내가 더 잘 아는 분야가 있을 수 있고, 내가 좀 더 많은 정보를 가질 수는 있지만, 그게 중요해서는 안 된다. 달리 말하면, 설령 그렇더라도 겸손해져야 한다는 얘기다. 겸손이 당신과 친구를 같은 눈높이에 머물도록 해주기 때문이다. 내 능력을 특별히 증명해 보일 필요 없이 동등하게 존재하는 것, 그것이 우정으로부터 얻는 기쁨이기 때문이다.

'오래된 신뢰'와 '느슨한 관계'의 힘

살아가면서 우리는 다양한 사람과 교류하게 되는데, 나이, 장소, 상황 등에 따라 관계의 모양도 달라진다. 아돌프 크니게(Adolph Knigge)는 "가장 안정적인 우정은 젊은 시절에 만난 친구"라고 통찰했다. 어릴 때 만난 친구와 나를 연결해 주는 것은 공유한 과거의 경험과 오래 알고 지낸 시간이다. 몇 년 혹은 십 년 이상 못 보더라도 '오래된 신뢰'의 끈은 쉽게 끊기지 않는다. 어른이 되면 불가능한 것은 아니지만 그런 관계를 다시 맺는 것이 그리 쉽지만은 않아진다.

관계의 형태는 다양하다. 어떤 사람과는 파티를 하며 놀 수 있고, 또 다른 누군가와는 대화가 잘되고 아이디어도 나누며 서로의 말을 주의 깊게 들어주는 게 더 자연스러울 수 있다. 만나면 기분이 좋아지는 친구가 있을 수도 있다. 그의 유머나 인간적인 면이 좋아서, 같이 있으면 편해서 더 존중하게 되는 친구 말이다.

그런 모든 이들 가운데 누가 진정한 친구인지 알아보

기 위한 간단한 테스트도 있다. '나에게 무슨 일이 생겼다. 새벽 2시에 전화를 걸어도 되는 사람은 누구인가?'라는 질문에 떠올리는 사람이 누구인가 하는 것이다. 물론 시간에 상관없이 누구에게든 전화를 걸 수 있는 사람도 있겠지만, 보통은 그렇지 않다. 새벽 2시에 누군가를 깨우는 건 매우 실례가 되는 상황인데, 그럼에도 전화를 걸 수 있다는 건 상대를 그만큼 편하게 생각하기에 가능한 일이다. 또한 상대 역시 내게 그럴 만한 이유가 있을 거라고 이해하고 기꺼이 도와줄 거라고 믿는 것이다.

모든 관계가 다 깊은 우정이어야 하는 것은 아니다. '느슨한 관계'와의 친절한 접촉도 중요한 의미가 있다. 흥미롭게도 새로운 직장을 얻거나 집을 구할 때, 취미와 관련해 조언이 필요할 때 내게 유용한 도움을 주는 정보는 아주 친한 친구들이 아니라 오히려 가끔 만나는 느슨한 관계의 사람들로부터 얻게 되는 경우가 많다. 여기에도 학문적인 근거가 있다.

미국 스탠퍼드 대학의 사회학 교수인 마크 그라노베

터(Mark Granovetter)는 이미 1970년대에 '느슨한 관계의 힘'을 증명해 보였다. '사람들은 어떻게 새로운 직장 혹은 집을 구할까? 또 기대하지 못했던 새로운 아이디어는 어디서 생길까?'가 바로 마크 그라노베터가 조사한 주제였다. 그에 따르면, 나와 '강력하게' 연결되어 있는 사람들이 알고 있는 것들은 내게 전혀 새롭지 못한 경우가 대부분이다.

그러나 '느슨한 관계'의 사람은 나와 다른 환경에서 생활하며 나와는 다른 정보를 접하기 때문에 새로운 영감이나 기회, 판단을 줄 가능성이 크다는 것이다. 실제로 그라노베터 교수는 이직한 사람들이 어떤 경로로 새로운 직장을 알게 되었는지 실증 연구를 진행했고, 꽤 많은 이들이 '느슨한 관계'를 통해 직장을 구했다는 것을 확인했다.

겸손이라는 주제와 관련해서 중요한 또 다른 측면을 짚어보자. 주변 사람들에 대해 내가 느끼는 친근한 정도는 아마 다 다를 것이다. 그냥 좋은 지인으로 보는 사람도 있고, 비즈니스 동료로 생각하는 사람도 있으며, 같은 일을 하면서 고민을 나누는 친구도 있고, 함께 여행을 가거나 취미생활을 공유하는 모임도 있다. 그리고 이 가운데서도 정말 가까운 관계라고 생각하는 사람은 한 명에서 세 명 정도일 것이다.

친구의 수가 많든 적든, 참여하는 모임이 얼마든 크게 신경 쓸 필요는 없다. 관계의 성격이 다 다른 것일 뿐 관계의 수준을 평가하거나 순서를 매기는 일은 무의미하다. 중요한 것은 다양한 관계 사이에서 휘둘리거나 휩쓸리면서 내 중심을 잃지 않도록 하는 일이다. 더불어 그들도 나로 인해 상처받지 않도록 조심해야 한다.

당신은 각각의 친구와 어떤 방향으로든 독자적인 관계를 맺고 있다. 어쩌면 좋은 지인에게 당신의 마음을 털어놓고 싶을 수도 있다. 혹은 친한 친구에게 믿고 있는 정보를 모두 이야기할 수 없겠다는 확신을 갖기도 한다. 이런 일은 각각의 사람에 대한 당신의 생각에 관한 것이지 관계의 등급을 올리거나 낮추는 문제는 아니다.

지인이라고 칭하든, 친구라고 부르든 그건 중요한 것은 아니지만, 때로는 그 구분이 오해를 낳기도 한다. 상대는 나를 '친구'라고 생각했는데, 내가 그를 다른 사람에게 '지인'이라고 소개해서 본의 아니게 상처를 주는 식이다. 또는 나는 누군가를 지인이라고 여기고 있을지언정, 그로부터 '친구는 아닌 관계'라는 말을 듣고 싶지는 않다. 이게 흔한 사람의 심리다.

반대의 경우도 불편할 수 있다. 즉, 누군가 당신을 다른 사람들에게 '친한 친구'라고 말하는 것이 부담스러운 경우다. 그 사람은 당신과 각별한 사이라는 인상을 주고 싶었을 테지만, 당신은 의도와 달리 휩쓸려 버린 느낌을 지울 수 없다. 물론 그도 친절한 마음에서 나온 표현일 수 있겠지만, 세심한 배려에서 나온 행동은 아닌 것이다. 인간관계에서 겸손이란, 모든 상황에서 세심함을 잃지 않으려는 노력이다. 우정은 말로 떠든다고 깊어지는 것은 아니다.

> "시끄러운 친구들은 보통 조용한 적들이다."
>
> _ 공자

관계는 천천히 자라는 식물 같은 것

관계가 발전하려면 시간이 필요하다. 우선 서로를 알아야 하고, 그 알아가는 과정은 한동안 지속된다. 친구도 처음에는 낯선 사람들이었다. 그런데 그야말로 '마법의 순간'이 온다. 즉, 내가 아는 어떤 사람이 단번에 믿을 수 있는 사람으로 다가오게 되는 순간이 있다.

이미지 관리 전문가들은 "첫인상을 대신해 줄 두 번째 기회는 없다"라는 말로 첫인상의 중요성을 강조하지만, 나는 그렇게 생각하지 않는다. 현재 내 친구들이 처음 만났을 때 다 그렇게 좋은 인상을 가졌던 것은 아니니까. 한 친구는 나를 뻣뻣하게 군다고 생각했고, 나는 그 친구를 지루하다고 생각했다. 그러나 지금은 서로 완전히 다른 존재가 되었다.

두 번째 혹은 세 번째 만났을 때야 본모습이 드러나는 사람들이 있다. 첫인상과는 전혀 다른 느낌을 주는 사람도 있다. 누군가를 아주 시끄럽고 피상적인 사람으로 여겼는데, 시간이 지나면서 그가 실은 아주 똑똑하고 사려 깊은 사람이라는 걸 깨달았다. 단지 그에게도 시끄러운 순간이 있었을 뿐인 거다.

친구들이 지닌 다양한 측면을 발견하는 일은 꽤 흥미롭다. 어떤 관계이든 알아갈수록 상대를 더 잘 이해할 수 있는 점들이 쌓여간다. 관계가 깊어지려면 상대의 좋은 측면만이 아니라 그의 약점, 실수, 한계까지도 경험해야 한다. 그래야 '그럼에도 불구하고' 잘 지낼 수 있는 관계로 나아갈 수 있다. 때로는 관계의 의미나 깊이를 의심하고 실망하게 되는 힘든 순간도 찾아온다. 우정은 제대로 활짝 꽃을 피우기까지 긴 시간이 필요한 법이다. 미국 초대 대통령 조지 워싱턴(George Washington)이 "진정한 우정은 아주 천천히 자라는 고귀한 식물이다"라고 말했듯이 말이다.

> **"친구를 선택할 때는 천천히 하라.**
>
> **친구를 바꿀 때는 더 천천히 하라."**
>
> _ 벤자민 프랭클린(Benjamin Franklin), 미국의 정치가이자 사상가

충고와 의견을 현명하게 다루는 법

　누군가에게 하는 충고는, 아무리 좋은 의도라고 해도 기분 좋게 들릴 리 없다. 충고는 상대에게 충격으로 느껴질 수 있고, 상처가 될 수도 있다. 충고를 듣는 상대에게 정상적이지 않은 문제가 있다는 느낌을 전해주는 것이기 때문이다. 만약 충고를 하는 사람이 마치 본인은 다 알고 있는 것처럼 행동하면서 자신의 충고를 잘 따르기만 하면 모든 문제가 해결될 것처럼 군다면 상황은 더 안 좋아지기 쉽다.

　아주 가깝고 친밀한 사이에서의 충고는 물론 조금 다를 수 있다. 나를 잘 알고 있고, 나와 비슷한 영혼을 가진 친구들은 나에 대해서, 그리고 나의 계획에 대해서 편안하게 조언할 수 있는 존재다. 친구라고 해서 언제나 맞장구만 칠 수는 없으며, 나를 돕고자 하는 마음으로 충고를 할 수도 있다. 정말 아끼는 사이라면 충고를 하는 친구도 마음이 편치만은 않을 것이다. 진짜 충고는 원래 충고하는 사람의 마음도 아프게 하는 것이니까. 그러니 그 충고가 내 마음과는 다를지라도 그를 존중한다는 믿음이 있다면 받아들일 수 있어야 한다.

> **"설익은 영혼은 우정을 맺기에 쓸모가 없다.**
> **진실을 말할 수 있고 들을 수 있는 심장을 가져야 한다.**
> **비록 이런 진실이 가혹하고 내면을 뒤흔들어 놓을지라도."**
>
> _ 아돌프 크니케

고대 그리스에서는 '파르헤지아(Parrhesia)'라는 개념이 있었다. 이는 생각하는 바를 자유롭고 솔직하게 말하는 것을 뜻한다. 좋은 친구 사이는 이 파르헤지아가 가능한 관계다. 진정한 친구라면 상대를 위한다는 진심 어린 믿음이 있기 때문에 다른 사람이라면 수용할 수 없는 것도 얘기할 수 있고 또 들을 수 있다. 친구가 처해 있는 상황을 어떻게 판단하는지, 입장을 바꿔 생각한다면 어떻게 행동할지에 관해 솔직하게 말하는 것이다. 만일 친구가 어떻게 되든 상관이 없다면, 그런 말을 전혀 할 필요도 없지 않을까?

"가장 높은 단계에 이르면 우리는 친구에게
자신의 실수뿐 아니라 친구의 실수도 터놓고 말한다."

_프랑수아 드 라로슈푸코(Francois de la Rochefoucauld), 프랑스 작가

충고는 위에서 명령하고 아래에서 수행하는 방식으로
이루어지지 않는다. 내 생각과 의견을 솔직하게 말하되 상
대에게 내 생각대로 해야 한다고 강요하지 않는 것, 그게
겸손한 충고의 자세다. 만일 상대가 나와 생각이 다르다
면, 그때는 뒤로 물러나야 한다는 의미다. 상대의 선택을
존중해 줘야 하는 것이다.

서로의 의견 차이가 드러났을 때는 자신의 입장을 견
지하더라도 상대의 말을 제대로 경청하는 것이 중요하다.
'왜 저렇게 생각할까?' 하는 마음으로 중간에 끼어드는 것
이 아니라 상대의 설명을 끝까지 들어야 한다. 또한 섣불
리 판단을 내려서도 안 된다. 상대가 하는 말이 납득이 안
되어도, 그가 그런 생각을 하게 된 이유는 반드시 있기 마
련이다. 그 이유를 이해하도록 노력해야 한다. 그래야 진
실한 마음으로 의견을 나눌 수 있다. 상대에게 피하고 싶

은 이야기가 있을 수도 있다. 그렇다면 그 역시 존중해 줘야 한다.

어떤 사안에 대한 의견 차이가 아니라 관계에 대한 입장이 다를 때도 있다. 서로에게 관심을 기울이는 정도가 달라서 서운함과 오해가 쌓이는 경우다. 이때 자신이 느낀 바를 이야기할 수는 있지만, 이에 대해 상대를 비난하는 것은 현명하지 못하다.

친구가 나와의 중요한 약속을 잊거나 어겼을 때, 어떻게 반응하는가는 건강한 관계의 지속성을 위해 중요한 문제다. 상대에게 크게 실망했다면, 그 사실을 알릴 필요도 있다. 하지만 적당한 수준에서 제동을 걸 줄도 알아야 한다. 당신은 훨씬 더 나은 결정을 내릴 수 있다. 어쩌면 이런 관계를 계속 유지하는 것이 의미가 없다는 결론에 이를 수도 있다. 습관 때문에 이어가는 관계도 많아서 어쩌면 이미 믿음의 불씨가 꺼져 있는 상태일 수 있다. 그런 관계는 억지로 끌고 가기보다는 그냥 영면(永眠)하게 내버려두는 것이 더 낫다.

"당신이 존경할 수 없는 사람과는
절대 친구가 되어서는 안 된다."

_ 찰스 다윈(Charles Darwin), 생물학자

드러내지 않아도 통하는 관계의 기쁨

나와 정말 가까운 관계라면, 지나치게 상대를 의식한
말이나 몸짓은 필요 없다. 연극 같은 과장된 태도는 오히
려 상대를 불편하게 만드는 법이다. 때때로 특정 역할에
빠진 듯 자신의 모습을 과장되게 연출하고, 감정을 극적으
로 표출하며 다가오는 이들이 있다. 그런 행동이 분위기를
풀어주고 관계를 발전시킬 수 있다고 착각하면서 말이다.
그러나 그런 유형의 사람들을 신뢰할 수 있을지 묻는다면,
우리의 대답은 언제나 '절대 아님'이다.

그러나 겸손의 경우라면 정반대다. 겸손한 태도를 가
진 사람들은 장담하는 법이 없다. 대신에 그만큼 더 신뢰
가 간다. 대단한 뭔가를 하는 듯 요란 떨지 않고, 자기가

무엇을 하는지 시시콜콜 확인시켜주지 않아도 그들이 할 수 있는 한 언제나 최선을 다하고 있다는 믿음이 있다. 이런 사람과 어울리는 데는 불편함이 없다. 믿음이 가는 겸손함은 미세한 말투와 표정, 몸짓으로도 느낄 수 있어서 애써 설명하지 않아도 세심한 사람들은 서로를 이해할 수 있다. 그래서 두 사람은 좋은 친구 사이로 발전할 가능성이 크다.

이와 달리, 만일 누군가가 당신에게 "너무 점잔 빼고 있는 것 아니냐"라거나 "너무 소극적으로 구는 것 아니냐"라는 말로 다가온다면, 그 사람과는 깊은 우정을 쌓을 수 있는 여지가 없다고 봐야 한다. 그가 "왜 너는 이러저러하지 않느냐"고 묻는다면, 그저 깊은 한숨으로 대답할 수 있을 따름이다.

"자신과 얘기를 하는 듯한 사람을 알고 지내는 것보다
더 행복한 관계가 어디 있겠는가."

_ 마르쿠스 툴리우스 키케로(Marcus Tullius Cicero),
로마의 정치가이자 문학가

나의 견해를
뒤집지 못하는 진실이라고 여기지 않고
타인의 의견을
적절치 못한 충고라고 무시하지 않는다

'내가 틀릴 수도 있다'는 겸손함,
이는 내가 아는 가장 온화하고 현명한
삶의 태도다

9

'내가 틀릴 수도 있다'라고
말할 수 있는 용기

겸손은 개인적인 성향의 문제다. 뒤에 조용히 머물면서 과소평가 받는 것을 좋아하지 않는 사람도 많다. 눈에 띄고 싶어 하고, 중심에 서 있는 것을 더 좋아하는 이들에게 겸손함을 강요하거나 기대할 수는 없다. 그럴 필요도 없고 말이다.

인생을 살아가는 방법에는 여러 가지가 있다. 그러니 모두를 나에게 익숙한 길로 인도하기 위해 이런저런 사람을 차단시킨다면 이는 매우 불손한 행위일 것이다. 겸손을 선호하는 사람들보다 이를 더 잘 알고 있는 사람이 누가 있겠는가?

겸손을 선호하는 사람들은, 다른 사람들도 나쁘지 않다는 사실을 매우 잘 알고 있다. '다른 사람은 내가 모르는 것을 많이 알고 있다. 그들은 내가 경험하지 못한 일들을 겪기도 했다. 그들은 내가 가지고 있지 않는 능력도 가지고 있다. 그들은 나와 생각이 다르지만, 그게 틀린 것은 아니다.' 그들이 맞고 내가 틀릴 수도 있다고 생각할 줄 아는 자세는 타인의 의견에 무조건 동조해야 한다는 뜻이 아니다. 다양한 견해가 있는 것이 당연하고 자연스러운 일이며, 그것이 우리가 인정해야 하는 현실이라는 의미다.

또한 겸손함이란, 나 자신을 의심할 수도 있는 용기이기도 하다. 나의 견해를 뒤집지 못하는 진실이라고 여기지 않고, 다른 사람의 충고가 적절하지 않다는 이유로 무시하지 않고 경청할 수 있는 태도다. 그 누구에게도 강요하지 않는 온화하고 현명한 삶의 태도, 이것이 바로 겸손의 힘이다.

겉으로 반짝이는 것은 아름답지 않다

표면을 약간 긁어봤을 뿐인데 아름답지 못한 이면이 드러나는 광경을 보게 될 때가 있다. 교양이 넘치는 사람인 줄 알았는데 재차 질문을 하니 갑자기 아무것도 모르는 사람처럼 꿀 먹은 벙어리가 되는 경우, 스스로가 윤리의 기준인 양 행동하던 사람이 과거 저질렀던 비양심적인 행동이 드러나자 단번에 비겁한 모양새를 취하는 경우 등등. 번쩍이는 표면 밑에 숨어 있었지만 실체는 언젠가 모습을 드러내기 마련이다.

우리가 감탄해 마지않던 인격들, 신뢰와 연대감을 대표했던 기관들이 지저분한 면모를 드러내는 상황은 의외로 흔치 않게 벌어진다. 자신의 의견을 솔직하고 당당하게 말하던 성공한 스포츠계 매니저가 알고 보니 세금을 포탈한 사람이었고, 존경받는 지도자가 부패에 연루되었거나 심지어 적극적으로 범죄를 저지른 사람이었으며, 촉망받는 지식인이 박사 논문을 완벽히 표절했다는 사실이 밝혀지는 것처럼 말이다. 마치 반짝거리는 모든 것은 다

겉모습에 불과할 뿐이라는 걸 증명하듯 허접하고 추악한 실체는 결국 드러나고 만다.

이는 꼭 대단한 사람들, 아름다운 사람들, 무대에서 주인공으로 등장하는 사람들에게서만 볼 수 있는 현상은 아니다. 사람들이 있는 곳이라면, 특히 다른 이들에게 뭔가 증명해 보이고자 하는 사람이 있는 곳이라면, 항상 듣지도 보지도 못한 사건이 숨어 있다. 스포츠 스타들만 도핑을 하는 게 아니다. 동료와 함께 조깅을 하거나 테니스를 치는 사람들 혹은 피트니스 센터에 다니는 아마추어들도 성과를 올리기 위해 약을 복용하는 경우가 있다.

주간 신문《디 차이트》에 '잘못된 승리'라는 기사가 실렸다. 여가 시간에 하는 스포츠에서도 도핑이 빈번히 이뤄진다는 내용의 기사였다. 기자들은 의사, 운동 심리 상담가, 운동 애호가들을 취재하고 여러 인터넷 웹사이트를 조사하며 깜짝 놀랄 만한 사실을 알아냈다. 최고의 성과를 내야 한다는 강박이 여가 활동으로 하는 운동에서도 심각한 수준으로 뿌리 박혀 있었기 때문이다. 아마추어 축구를 하는 한 남자는 이렇게 말했다. "저도 친구들, 지인들과 적이 되어 시합을 합니다. 누구나 다 '내가 더 낫다'는 것을 보여주고 싶어 하지 않나요?"

이건 도가 지나친 게 분명하다. 오늘날 사람들은 모든 측면에서 스트레스를 받고 있다. 승리에 대한 갈망, 인정받고 싶은 욕구가 너무 커져서 뭐든 극단적인 성과를 통해 그 욕구를 채우고자 한다. 시민들을 대상으로 하는 마라톤 대회에 참가해도 꼴찌로 겨우 통과하고 싶지는 않으며, 어떤 옵션도 포기하지 않는다. 스스로 지나치게 과도한 목표를 세워두고, 이를 달성할 수 없음을 감지하면 특단의 도움을 받고자 한다. '최고의 성과'만을 좇는 이런 현상은 '해내지 못하면 가치가 없는 거야'라는 생각에서 비롯된다.

겸손은 그와는 완전히 다른 길을 선택하는 것이다. 표면의 아래에 교묘한 속임수, 거짓말, 힘으로 위장한 약점이 감춰진 삶은 그들이 원하는 모습이 아니다. 그들이 보여주는 표면 아래에는 본질, 신뢰, 진지함이 숨어 있다. 겉으로만 반짝이는 것은 그들의 목표가 아니다. 단순한 수

치만로는 파악할 수 없는 능력이나 소질을 기르는 것, 그
것이 진정한 그들의 목표다.

> **"겸손은 가장 확실한 지혜의 증거다."**
>
> _ 찰스 콜튼(Charles Caleb Colton), 영국의 작가

고요하지만 충분히 빛나는 삶

한 발자국 더 멀리 나아갈 수도 있다. 명성과 감탄을
얻을 수 있는 자리에 올라가기 위해 노력하고 고생하는 대
신에, 스스로 드러나지 않는 삶을 선택하는 것이다. 어떤
사람은 자신의 역할과 책임이 전혀 아닌 공적에도 집착하
며 한 번이라도 더 좋은 이야기를 들으려고 아등바등하지
만, 겸손한 사람은 충분히 인정받을 수 있는 분야에서조차
자신이 어떤 기여를 했는지 남들이 거의 모르게 한다. 대
단히 긍정적인 작용을 하면서도 말이다.

이는 자신의 책임을 부인하거나 실수를 회피하기 위

한 행동에서 비롯된 것이 아니라 단지 명성과 감탄을 거부하는 자세다. 이런 말이 뭔가 이상하게 들리는 사람도 있을 것이다. '명성과 감탄은 나쁜 게 아니며 다들 추구하는 거 아닌가? 예상치 않게 맞은 돈벼락도 아니고 정당한 노력의 대가라고. 게다가 노력한다고 쉽게 얻을 수 있는 것도 아니잖아?'라고 말이다.

지금으로부터 1300년쯤 전, 그리스의 철학자 에피쿠로스(Epikouros)는 이렇게 말했다. "숨어서 살아라." 그는 '어떻게 좋은 삶을 살 수 있을까'라는 질문에 몰두했고, '향유와 쾌락'을 그 중심에 놓았다. 물론 그가 말하는 향유와 쾌락은 우리가 흔히 생각하는 일시적이고 육체적인 즐거움과는 다른 의미다. 에피쿠로스는 과도한 포식, 낭비와 축제 따위를 중요시하지 않았다. 오히려 그는 작은 것으로도 기뻐할 줄 아는 마음을 가지면 소박하게 자신의 삶을 충분히 향유할 수 있다고 가르쳤다. 그리고 그런 삶을 통해 우리가 이룰 수 있는 목표는 마음의 평화, 즉 '아타락시아(Ataraxia, 감정적·정신적 동요나 혼란이 없는 평정심의 상태)'라고 했다.

그는 철학을 아주 특별한 학교에서 가르쳤는데, 바로 자신의 집 정원이다. 정원의 입구에는 방문자들을 위해 다음과 같은 글귀가 적혀 있었다. "어서 오시오, 낯선 이들이여! 친절한 주인이 빵과 물을 충분히 가지고 그대를 기다리고 있나니. 이곳에서는 욕망을 자극하지 않고 달래준다오."

그는 여자와 노예도 학생으로 받아들였다. 당시의 환경에서는 매우 특이한 일이었고, 심지어 선동적인 행위로 간주하는 이도 있었다. '숨어서 사는 삶'이라는 그의 이상은, 사회에 참여하고 적극적으로 정치에 나아가는 것이 중요했던 당시의 통념에 반하는 것이기도 했다. 에피쿠로스는 명성과 존경을 얻고자 하는 노력은 사람을 압박하기 마련이고, 그럴수록 멋지고 훌륭한 삶은 더 멀어진다고 충고했다. 그런 욕구는 결코 자기에게 충실한 삶을 살아갈 수 없게 만들기 때문이다.

숨어 있는 사람이 얼마나 강력한지는 에피쿠로스 스스로가 좋은 모범이 되었다. 그는 학생들과 함께 정원 공동체로 들어갔다. 에피쿠로스 학파가 대중적인 운동이 된 것은 아니었지만, 그는 세계사에서 가장 영향력 있는 철학자 중 한 명이었고, 그의 이상은 오늘날까지 영향을 주고 있다. 하버드 대학의 역사학자 스테판 그린블랫(Stephen Greenblatt)은 "로마의 철학자 루크레티우스(Titus Lucretius Carus)의 『사물의 본성에 관하여』처럼 사람들의 생각을 바꾼 작품은 없을 것"이라고 극찬했는데, 이 책이 바로 에피쿠로스 학파의 물리학, 우주론, 윤리학에 대해 다루고 있으며 현재까지 전승되는 몇 안되는 매우 귀중한 텍스트로 알려져 있다.

움켜쥘수록 멀어지는 만족

겸손과 완전히 양립할 수 없는 것으로 '묻어가기 기질'을 들 수 있다. 떨어지는 콩고물은 모두 자신이 낚아채야 하고 주변 사람들의 약점과 부주의도 자신에게 이득이 되도록 이용하는 것, 이는 똑똑한 것이 아니라 탐욕적인 것이며 사람들에게 거부감을 주는 행동이다.

소박한 사람들은 자신이 받을 수 있는 것보다 적게 바라며, 심지어 자신의 몫보다 더 적게 가진다. 타인에 대한 존중의 표시이며 사람들과 더불어 사는 태도인 것이다.

인도에는 '움켜잡지 않기'라는 오랜 전통이 있다. '아파리그라하(Aparigraha, 무소유, 집착과 탐욕이 없는 상태)'라고 부르는 이 개념은 식탁 예절부터 시작한다. 주인이 손님에게 음식을 친절하게 권해도, 손님은 처음에 이를 공손히 거절하는 것이 예의다. 식사를 할 때는 한 움큼 가득 집어 오는 게 아니라 필요한 만큼 취한다. 얼마나 가져올지는 각자 스스로 정한다. 그것도 의식적으로 말이다.

아파리그라하는 식탁 위에서 끝나지 않는다. 사람들은 타인의 약점을 악용하지 않으며, 더 많이 가질 수 있음에도 적절한 수준으로 제한한다. 그럼으로써 정신적인 상태는 더 큰 만족감과 여유로 연결된다고 믿는다. 반면, 한계가 없는 소유는 탐욕, 과대망상과 연결된다. 하나의 목표를 달성하면 곧바로 다른 목표를 향해 질주하게 된다. 만족을 모르고 그렇게 행복을 좇는 사냥을 끝없이 펼치다 보면 결국 얻게 되는 건 불행이다.

> "충분히 적다고 생각하는 사람에게는
>
> 아무것도 충분하지 않다."
>
> _ 에피쿠로스

소박함은 칭찬과 인정의 문제와도 관련이 있다. 자신에게 귀속되는 양보다 더 많이 요구하지 않는다는 것은 본질적으로 자화자찬을 포기한다는 뜻이다. 스스로에 대한 인정과 만족은 겸손을 갖추었을 때라야 비로소 효과가 있는 법이다. 거짓과 포장으로라도 칭찬을 얻고자 하는 욕구는 그 누구도 자발적으로 그 사람을 칭찬하지 않는다는 진실을 말해줄 뿐이다.

나도, 당신도 모두 흠이 있다

겸손은 자신에 대한 아이러니와 연결될 때가 많다. 우

리는 자신을 희화화함으로써 우리 모두 실수할 수 있다는 공감대를 만들 수 있다. 실수를 속이고자 할 이유가 없으며, 자신의 실수와 흠을 어느 정도 차분하게 내보일 수도 있다. 실수가 타인을 해하지 않고 오히려 재미있게 한다면 말이다.

지극히 사소한 약점조차도 가차 없이 트집을 잡는 경우를 우리는 얼마나 자주 보는가? 다른 사람의 사소한 약점은 그냥 넘어가면 된다. 자기 아이러니는 스스로 약간 부족해도 된다는 권리일 뿐 아니라 다른 사람들도 당연히 그럴 수 있다고 받아들이는 것이다. 그래서 겸손하게 자기 아이러니를 표현하는 사람은 다른 사람에게 친절하고 또 관대하다.

이와 반대로 흠이 없다는 것은 부담스럽고 때로는 위압적이다. 완벽할 수 없는 우리가 완벽을 추구한다는 것 자체가 지극히 부자연스러운 일이다. 그럼에도 완벽을 추구하다 보면 경쾌함은 사라지고 지루함만 남는다. 원래 모든 일이란, 부족함이 존재할 때 비로소 흥미로워지는 법이다.

> **"분명하고, 둥글고, 흠 없이 완벽한 건 0밖에 없다."**

_ 발터 라테나우(Walther Rathenau), 독일 기업가이자 작가, 정치가

완벽하지 않은 것들의 진실

일본의 미학에는 '와비사비(わびさび)'라는 개념이 있다. 미완성, 단순함을 뜻하는 '와비'와 오래됨, 낡은 것을 뜻하는 '사비'가 합쳐진 용어로, '완벽하지 않은 것의 아름다움'을 발견한다는 의미다. 가령 이런 것들이다. 찻주전자를 더 아름답게 만드는 녹슨 자국, 똑바로 뻗지 못한 마디가 있는 소나무 같은 것들 말이다. 특히 어떤 사물에 새겨진 시간의 흔적들, 변색되거나 뒤틀린 오브제들은 결코 결함이 아니다. 오히려 그 물건을 더욱 특별하게 만들어 주는 표식이다. 즉, 그 안에 강인하고 진실한 삶이 숨어 있는 것이다.

일반적으로 와비사비 대상은 결코 값이 비싸지도 않으며 눈에 잘 띄지도 않는다. 사람들이 그런 대상을 발견

하기까지는 오랜 시간이 걸리는 경우도 많다. 또 그러한 아름다움을 발견하는 일이 모든 이에게 통하는 것도 아니다. 이때 시간은 굉장히 중요한 역할을 한다. 즉, 그 대상이 현재 보여주는 모습은 앞으로 다시 볼 수 없다. 특별한 아름다움은 결코 붙잡을 수 없는 것이다.

이 와비사비 방식의 생각은 다른 일에도 적용된다. 우리가 어떻게 일하며, 무엇을 먹고, 어떻게 요리를 하는지에도 말이다. 무엇보다 주변 사람들을 우리가 어떻게 인식하는지에도 적용할 수 있다. 시끄럽고 눈에 띄는 특성이, 혹은 규칙적이며 잘 다듬어지고 흠이 없는 점이 우리의 관심을 끄는 것도 아니다. 우리의 관심을 끄는 것은 한 사람이 내뿜는 단 하나밖에 없는 가치다.

와비사비는 우리 자신의 삶에도 해당된다. 삶에 대한 우리의 입장 말이다. 우리는 스스로의 특별함을 보다 자세하게 인식해야 한다. 우리가 삶으로부터 얻은 긁힌 자국들은 결코 흠이 아니다. 그것은 우리 자신을 유일하고 특별한 존재로 만들어준다. 무결점의 이상형에 상응하는 삶을 살거나 기존에 통용되는 목표나 기준들을 이어받는 것이 중요한 게 아니다. 그런 삶은 우리를 풍요롭게 하는 게 아니라 제한하며, 우리 자신의 가능성을 발견하는 데 방해가 된다. 성과를 내려고 스스로의 힘을 소진할 게 아니라 그 안에서 더 많은 것을 누릴 수 있어야 한다. 그러니까 우리 자신의 유일무이한 삶을 살아야만 하는 것이다. 그럴 수 있을 때 삶은 비로소 행복하고 충만해질 수 있다.

> "와비사비는 진짜인 모든 것에 다가간다.
> 왜냐하면 다음과 같은 세 가지 단순한 진실을
> 바탕으로 하기 때문이다.
> 어떤 것도 머물지 않으며,
> 어떤 것도 끝나지 않고,
> 어떤 것도 완벽하지 않다."

_ 리차드 R. 파웰(Richard R. Powell),
『와비사비 심플(Wabi Sabi Simple)』에서

내 행복을 남에게 걸지 않는 내면의 힘

겸손을 선택할 수 있다면 당신은 자의식을 가지고 긴장하지 않는 삶을 살아갈 수 있다. 눈에 띄지 않고 소박하지만 누구에게도 종속되지 않는 삶, 다른 사람의 기준과 요구에 내 행복을 걸지 않는 삶, 무엇을 할 것인지 스스로 결정하는 삶 말이다. 이는 자기 자신을 존중할 수 있느냐의 문제며, 내면의 힘과 독립성에 대한 표시다.

중요한 것은 스스로 내 삶의 기준을 정하는 일이다. 물론 이 기준도 변하지 않는 건 아니며 다른 사람의 영향을 받을 수도 있다. 그러나 이 역시 내가 결정하는 것이다. 당신의 품위를 지켜주는 것은 바로 그 스스로의 판단에 달려 있다.

이와 같은 독립성이 다른 사람은 중요하지 않다는 것을 의미하지는 않는다. 오히려 그 반대다. 내가 독립성을 갖는다는 것은, 다른 사람에게 공간을 주고 그들의 중요성을 존중한다는 것이기도 하다. 그들을 지배하거나 위협하거나 통제하지 않고 동등한 입장에서 대한다는 의미다.

겸손이란, 나 자신이 그런 것처럼 약점을 가지고 있고, 때로는 실수도 저지르는 타인에게 공감할 수 있는 태도다. 또한 다른 사람에게 지나친 요구를 하지 않으며, 타인의 과도한 포장에도 속지 않는 담백하고 단단한 태도다. 사람들이 이야기하는 것과 그들이 행동하는 방식 사이에는 간극이 있기 마련이다. 악의적인 의도가 항상 있어서 그런 게 아니라 인간의 본성이 그렇기 때문이다.

그럼에도 겸손은 다른 사람들을 내 삶으로 기꺼이 초대하는 것이다. 긴장을 풀고 배려하는 마음으로 다른 사람들을 대할 수 있기를 바란다. 당신은 충분히 그럴 수 있는 내면을 가진 사람이다. 조용하지만 강인하게 빛나는 당신을 응원한다.

"인생은 겸손에 대한 오랜 수업이다."

_ 제임스 매튜 배리(James Matthew Barrie), 영국의 극작가

현명하게 겸손해지는
삶의 10가지 원칙

이제 이 책의 마지막까지 왔다. 페이지를 덮기 전에, 겸손한 삶을 위한 열 가지 핵심을 다시 한번 짚어보자.

1. 겸손이란 겉으로 보이는 것보다 더 많은 것을 품고 있다는 것을 의미한다. 겸손한 사람은 자신이 무엇을 가지고 있고, 무엇을 알고 있으며, 얼마나 대단한지에 대해 말하지 않는다. 스스로를 드러내지 않고, 내세우지 않는 당신은 그래서 대단한 사람이다.

2. 겸손함이 있으면 정중함을 갖추면서도 분명한 태도로 사람들 앞에 등장할 수 있다. 이때 당신의 내면에서는 힘이 발산된다. 당신은 구석으로 숨는 것이 아니라 그저 조용히 물러나 있겠다고 스스로 결정할 뿐이다.

3. 겸손이란 독립심의 표시다. 당신은 자신의 가치를 알고 있지만, 타인으로부터 그것을 인정받으려 하지 않는다. 겸손은 자의식을 보여줄 수 있는 가장 효과적이고 배려 깊은 방식이다.

4. 겸손을 행하면, 과소평가 받게 될 수도 있다. 그러나 이것은 사실 단점이 아니라 장점이다. 당신은 그 어떤 것에도 방해받지 않고 당신이 계획하는 바에 집중할 수 있다. 일이 잘 안된다 해도 그리 나쁠 게 없고, 일이 잘되어 성공하면 기대 이상으로 좋다. 반전에는 언제나 묘미가 있다.

5. 겸손이 성공을 위한 전략은 아닐지라도 더 나은 삶

을 위한 방법임은 분명하다. 현명하게 사람들 속으로 들어가는 온화하고 친화적인 태도이며, 타인에게 증명하기 위한 삶이 아닌 나를 위한 삶의 기준을 스스로 정하는 태도다. 겸손한 삶을 선택한 사람은 물질적 성공보다 더 큰 가치를 성취하는 사람이다.

6. 겸손한 행동은 겸손한 사람이 가장 잘 알아본다. 그리하여 겸손은 또 다른 겸손과 연결시켜 준다. 즉, 세심하게 낮추어 표현하는 감각이 있는 사람은 그런 사람과 있을 때 편안함을 느끼며 더 가까워진다.

7. 겸손은 허공이 아니라 현실에 발을 붙인 채 스스로 중심을 잡고 단단히 서 있으려는 노력이다. 겸손은 성공을 큰 소리로 떠들지 않는 것이며 성공에 함몰되는 부류에 속하고 싶어 하지 않는 것이다.

8. 겸손으로 리더십을 발휘하는 사람은 직원들을 성장시킨다. 그들은 직원들이 말할 수 있는 기회를 주고, 그

말을 진지하게 받아들인다. 그들은 자신이 아니라 공동의 목표를 중심에 둔다.

9. 인간관계에서도 요란 떨지 않는 겸손한 태도를 가진 사람이 더 신뢰를 얻는다. 이런 사람과 어울릴 때는 불편함이 없다. 겸손함은 미세한 말투와 표정, 몸짓으로도 느낄 수 있어서, 애써 설명하지 않아도 세심한 사람들은 서로를 깊이 이해할 수 있다.

10. 겸손한 사람은 자의식을 가지고 긴장하지 않는 삶을 살아갈 수 있다. 눈에 띄지 않고 소박하지만 누구에게도 종속되지 않는 삶을 영위할 수 있다. 다른 사람의 기준과 요구에 자신의 행복을 걸지 않으며, 무엇을 할 것인지 스스로 결정한다.

나를 소모하지 않는
현명한 태도에 관하여

초판 1쇄 발행 2024년 3월 10일
초판 31쇄 발행 2024년 12월 15일

지은이 마티아스 뇔케
옮긴이 이미옥

펴낸이 한보라
디자인 봄바람

펴낸곳 퍼스트펭귄 콘텐츠 **출판등록** 2023년 7월 21일 제 2024-000025호
전화 070)8866-7990 **팩스** 031)8057-7990
이메일 1stpenguin@1stpenguin.be
종이 (주)월드페이퍼 **인쇄·제본** 더블비

ISBN 979-11-986825-0-5 (03190)